FINNISH FOR FOREIGNERS 2

2

FINNISH FOR FOREIGNERS

Maija-Hellikki Aaltio

HELSINGISSÄ KUSTANNUSOSAKEYHTIÖ OTAVA

Fourth edition

Drawings: Jorma Nousiainen
Layout: Merja Askola
Editor: Kaija Niskakoski

Binding: OTABIND

Otava Printing Works
Keuruu 1999

ISBN 951-1-09328-2

TO THE READER

This textbook is based on the author's *Finnish for Foreigners 2* which, first published in 1963 and revised in 1974, has in ten editions served students of the Finnish language in different parts of the world. The book, which now appears in two parts, a Textbook including the grammar, and a separate Exercise book, has been thoroughly revised. A few old chapters have been replaced by new ones and five more chapters added. The order of the structural features presented has frequently been changed. The number of the new words introduced in each chapter has been somewhat reduced.

While the first half of Book 2 still primarily teaches the student structures needed in speech and writing alike, more and more emphasis is placed in the second half to structures typical of written Finnish, above all to the use of participles and infinitives as substitutes for various subordinate clauses.

The structure of the lessons in Book 2 is the same as in *Finnish for Foreigners 1,* except that the English translation of the dialogue (or narrative), less necessary to a student beyond the elementary stages of learning Finnish, has been left out.

Most of the dialogue (or narrative) material is available on a cassette.

I am grateful to my colleagues *Hannele Jönsson-Korhola* and *Eila Hämäläinen* for reading the manuscript and offering valuable suggestions. My thanks are due to *Eugene Holman,* Lecturer in English at Helsinki University, for correcting my English; for any remaining errors I am solely responsible. And last but not least, I am much indebted to many of my students at Helsinki University who through their criticism and suggestions have greatly helped me in my work.

I hope that the new version of *Finnish for Foreigners 2* will prove a useful textbook to many English-speaking students of Finnish throughout the world.

Kauniainen, Finland, August 1986.

Maija-Hellikki Aaltio

CONTENTS

LÄHIKUVASSA KOTILAISET

Seuraavassa tutustumme Kotilaisen perheen jäseniin. Heitä on viisi: keski-ikäiset vanhemmat, kaksi aikuista lasta sekä nuorin, joka käy vielä koulua.

Perheen isä Risto Kotilainen (45) on tietokonealalla. Hän on keski-kokoinen, silmälasipäinen, ystävällisen näköinen, rauhaa rakastava mies, jolla on hyvä huumorintaju. Hän on niin kiinnostunut työstään, että — kuten hänen vaimonsa sanoo — hän varmaan menisi työhön joka aamu, vaikka ei saisi palkkaakaan. Hän on ainoa tupakoiva perheenjäsen: päivällisen jälkeen, kun hän lukee lehtiä tai vaihtaa ajatuksia vaimonsa kanssa, hän polttaa mielellään piippua. Hän harrastaa lukemista, varsinkin historiaa, mutta hänen suuri rakkautensa on luonto. Hän on kuitenkin myös erittäin seurallinen ja tulee hyvin toimeen erilaisten ihmisten kanssa.

Perheen äiti Helena Kotilainen, hoikka, sinisilmäinen ja ruskeatukkainen nainen, joka on ammatiltaan sairaanhoitaja, on samanikäinen kuin miehensä, mutta luonteeltaan melko erilainen. Hän on kokenut hoitaja, joka ottaa työnsä hyvin vakavasti. Hän huolestuu helposti asioista, tässäkin kuvassa hän näyttää hiukan väsyneeltä ja huolestuneelta. Kuvasta näkee, että hän on ollut nuorena hyvin viehättävä.

Hänellä on vieläkin kauniit, mutta vähän surulliset silmät. Helena on vähemmän seurallinen kuin Risto, hänestä on mukava olla joskus yksin, lukea tai katsella televisiota. Hän pitää matkustamisesta ja harrastaa taidetta.

Lauri Kotilainen (21) on isänsä kokoinen, ei ehkä komea, mutta mukavan näköinen nuori mies. Hän opiskelee fysiikkaa, mutta on selvää, että hän on kiinnostuneempi työelämästä. "Tämä teoreettinen opiskelu maistuu puulta, ei tästä tule mitään. Isä on kyllä sitä vastaan, mutta minä aion mennä kauppaopistoon ja sieltä nopeasti liikealalle. Siellä minun oikea paikkani on, minä olen käytännön mies." Lauri harrastaa urheilua ja pitää urheilevista tytöistä. Hänestä tulee varmasti menestyvä liikemies ja mukava perheenisä.

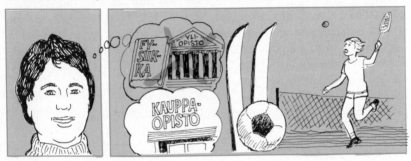

Riitalla (20) on ollut onnea: hän on kauniin äitinsä näköinen ja hänellä on isänsä tyytyväinen ja miellyttävä luonne. Ihmissuhteet eivät ole hänelle ongelma, hän pitää kaikista ja kaikki pitävät hänestä. Koulusta hän ei välittänyt eikä hän halua lähteä opiskelemaan. Hän harrastaa käsitöitä ja ruuanlaittoa, ja hänen ruokansa maistuvat ihanilta. Riitan silmissä on usein unelmoiva katse, sillä hän on rakastunut. Hän on rakastunut Lasse Kallioon ja Lasse Kallio on rakastunut häneen, ja he ovat menossa naimisiin. Ensin he ajattelivat avoliittoa. Heistä tuntui kuitenkin, että avioliitto sopii heille paremmin, koska Lasse on jo työssä ja molemmat haluavat heti lapsia.

Nopeasti kasvava Minna (13), joka on normaalisti vilkas, iloinen tyttö, on nyt aika vaikeassa iässä. Hän on usein pahantuulinen ja masentunut ja hänellä on monenlaisia komplekseja. Hän rakastaa hevosia, ihailee poptähtiä ja vihaa koulua. Usein hän on kyllästynyt koko maailmaan. Hän on sitä mieltä, että kaikki aikuiset ovat tyhmiä, paitsi ehkä isä. Isä on turvallinen. Isän kanssa voi lähteä merelle tai kävellä metsässä. Ei tarvitse edes puhua, jos ei halua, eikä tarvitse pelätä mitään.

Mikä tuon miehen nimi on? Mikä hän on **nimeltään**?
Mikä hänen ammattinsa on? Mikä hän on **ammatiltaan**?
Millainen luonne hänellä on? Millainen hän on **luonteeltaan**?

Kuinka kerrot, mitä sinusta on hauska tehdä:
Luen **mielelläni**. **Minusta on hauska** lukea.
Pidän lukemise**sta**. **Minusta** lukeminen **on hauskaa**.
(En pidä / en välitä lukemisesta.)

Kuinka kysyt toisen mielipidettä:
Mitä sinä **ajattelet** | Kotilaisen perhee**stä**?
Mitä sinä **pidät**
Mitä mieltä sinä olet |

Kuinka kerrot oman mielipiteesi:
Minusta | he ovat oikein mukava perhe.
Minun mielestäni
Olen sitä mieltä, että
Minusta tuntuu, että |

Kuinka kerrot, mitä luulet:
Minä **luulen** (arvelen), että Riitta on 20-vuotias.
Minä **en usko**, että hän välittää kirjoista.

Muistatko nämä:
— **olla kiinnostunut** jostakin t. jostakusta
— **tutustua / rakastua / väsyä / kyllästyä**
  joho**nkin** t. johonku**hun**
— **harrastaa / rakastaa / ihailla / pelätä / vihata**
  jota**kin** t. jota**kuta**
— **maistua / näyttää / tuntua** jolta**kin**

11

Kielioppia

1. "tekevä" — "tehnyt" (present and past participle active)*

a)

(*Pieni talo*. A small house.)
Palava talo. A burning house.

b)

Palanut talo. A burned-down house.

(*Keltainen lehti*. A yellow leaf.)
Putoava lehti. A falling leaf.

Pudonnut lehti. A fallen leaf.

(*Kolme keltaista lehteä*.)
Kolme putoavaa lehteä.

Kolme pudonnutta lehteä.

*Aktiivin 1. ja 2. partisiippi

(Paljon keltaisia lehtiä.)
Paljon putoavia lehtiä.

Paljon pudonneita lehtiä.

Participles are verbal adjectives which can be formed from all verbs. Like ordinary adjectives, they are declined in all cases and agree with the noun which they qualify.

Structure:
a) Present participle active
   (tehdä,   teke/vät   →)   teke/vä
   (seurata, seuraa/vat →)   seuraa/va
   Principal parts: *tekevä -ä -n tekeviä*

b) Past participle active (see FfF 1, 31:1)
   Principal parts: *tehnyt -tä tehneen tehneitä*

2. More about words ending in -nen

a) **Nouns**
The suffix -**nen** can be used to form diminutives: *kukka/nen* a little flower, *pala/nen* a little piece.

Diminutives may also be used as terms of endearment: *kultaseni* my darling.

b) **Adjectives**
When used to form adjectives, the suffix is preceded by an -**i**- (-**inen**). Its basic meaning is "having (the characteristics of) something, being made (up) of something, being provided with something". Examples: *iloinen* jolly, *jäinen* icy, *aurinkoinen* sunny, *kalainen* abounding in fish, *koivuinen* made of birch, *kultainen* golden, *villainen* woolen.

Compound adjectives: *vaalea/tukkainen* fair-haired, *sinisilmäinen* blue-eyed, *neli/jalkainen* four-legged, *moni/merkityksinen* ambiguous, *viime/kesäinen (lomamatka)* (vacation trip) taken last summer, *kaksi/päiväinen (kokous)* two-day (meeting).

There is a numerous group of adjectives ending in **-inen** which are combined with the genitive and answer, among other things, the following questions:

minkä arvoinen?	*sadan markan arvoinen*	of the value of ...
minkä hintainen?	*saman hintainen*	of the same price
minkä ikäinen?	*minun ikäiseni*	of my age
minkä kokoinen?	*isänsä kokoinen*	his father's size
minkä muotoinen?	*neliön muotoinen*	square (shaped)
minkä näköinen?	*nuoren näköinen*	young-looking
minkä värinen?	*hiekan värinen*	sand-colored

These adjectives may also express local relations:

keittiön viereinen huone	room next to the kitchen
Helsingin ja Turun välinen rata	railroad between H. and T.

The **-inen** adjectives also include a vast number of recent foreign loanwords, e.g. akateeminen, allerginen, analyyttinen, audiovisuaalinen, biologinen, byrokraattinen, diplomaattinen, dramaattinen, dynaaminen, ekonominen, eksoottinen, energinen, eroottinen, fanaattinen, fantastinen, filosofinen, fyysinen, harmoninen, humanistinen, humoristinen, hygieeninen, hysteerinen, idealistinen, identtinen, imperialistinen, intensiivinen, ironinen, kapitalistinen, katolinen, kommunistinen, konkreettinen, konservatiivinen, koominen, krooninen, kyyninen, looginen, magneettinen, materialistinen, mekaaninen, militaristinen, moraalinen, musikaalinen, negatiivinen, objektiivinen, optimistinen, parlamentaarinen, passiivinen, poliittinen, pornografinen, positiivinen, primitiivinen, protestanttinen, psykologinen, psyykkinen, realistinen, romanttinen, seksuaalinen, sentimentaalinen, solidaarinen, sosiaalinen, sosialistinen, subjektiivinen, symbolinen, sympaattinen, synteettinen, systemaattinen, tekninen, teoreettinen, traaginen, trooppinen.

3. The pronoun "kukaan"

Principal parts:
kukaan ketään kenenkään keitään anybody, anyone
ei kukaan nobody, no one, none
(For a declension chart see App. 4:II.)

The pronoun *kukaan* is used in questions and negative sentences (the negation may either precede the pronoun or come after it):

Onko täällä ketään?	Anybody here?
Onko kenelläkään (kellään) pikku-rahaa?	Does anybody have small change?
Kukaan (ihminen) ei ole täydellinen.	Nobody is perfect.
En vaihtaisi paikkaa kenenkään kanssa.	I wouldn't change places with anyone.
Hän ei ole koskaan rakastanut ketään muuta kuin sinua.	She has never loved anyone but you.

Sanasto

ainoa-(t)a-n ainoita
  (cp. *ainoastaan = vain*)
ajatus-ta ajatuksen ajatuksia
ala-a-n aloja
+ammatti-a ammatin ammatteja
+avio/liitto-a-liiton-liittoja
  (cp. *avio/vaimo, -mies*)
+avo/liitto
+hoikka-a hoikan hoikkia
+hoita/a hoidan hoiti hoitanut
  (jtk asiaa/lasta/sairasta)
huolestu/a-n-i-nut (jostakin)
  (cp. *huoli* care, worry)
huumorin/taju-a-n
+ihmis/suhde-tta-suhteen-suhteita
  (usu. pl.)
+ikä-ä iän ikiä
jäsen-tä-en-iä
kasva/a-n kasvoi kasvanut
kokenut-ta kokeneen kokeneita
  (*kokea* to experience)
komea-(t)a-n komeita
kyllästy/ä-n-i-nyt (johonkin)

+käytäntö-ä käytännön käytäntöjä
  (*käytännöllinen* practical)
+luonne-tta luonteen luonteita
luonteelta/ni, -si, -an
+luonto-a luonnon
maailma-a-n maailmo/ja (-ita)
+masentu/a masennun masentu/i
-nut (jostakin)
melko (= *aika*)
menesty/ä-n-i-nyt (*menestys*
success)
oikea-(t)a-n oikeita (≠ *väärä*)
opisto-a-n-ja
+poltta/a poltan poltt/i-anut
rakastu/a-n-i-nut (henkilöön)
+ruuan/laitto-a-laiton
  (cp. *laittaa ruokaa*)

only (adj.)

thought, idea
area, ground, field
occupation, trade, profession
marriage ("married union"), wedlock

common-law marriage
slim, slender, thin
to take care of, look after; tend,
  nurse; conduct
to worry, get worried

sense of humor
human relations

age
limb; member
to grow; grow up; increase
experienced, practiced

handsome; grand, splendid
to get enough, grow (sick and) tired,
  be fed up with
practice, use, usage

character, nature
by nature
nature; scenery
world
to be discouraged, get depressed

rather, fairly, quite
to succeed, be successful

right, correct; genuine, true
college, institute
to burn; smoke
to fall in love
cookery, cooking

sairaan/hoitaja-a-n-hoitajia	hospital nurse
lasten/hoitaja	nurse (maid)
seuralli/nen-sta-sen-sia	sociable, social
+ suhde-tta suhteen suhteita	relation(ship); proportion, ratio;
	(love) affair
missä suhteessa?	in what respect?
+ taide-tta taiteen taiteita	art
teoreetti/nen-sta-sen-sia	theoretic(al)
(cp. *teoria*)	
+ tieto-a tiedon tietoja	knowledge; (piece of) information;
(cp. *tieto/kone* computer)	data
+ tukka-a tukan tukkia	hair (of the head)
tyhmä-ä-n tyhmiä (≠ *viisas*)	stupid, foolish, dull, silly
tyytyväi/nen-stä-sen-siä	satisfied, content
(johonkin) (≠ *tyytymätön*)	
+ tähti tähteä tähden tähtiä	star; asterisk
unelmoi/da-n unelmoi-nut	to dream
(jostakin) (cp. *unelma* dream)	
urheil/la-en-i-lut (cp. *urheilu,*	to do sports, compete
urheilija)	
vakava-a-n vakavia	serious, grave; critical
viehättävä-ä-n viehättäviä	charming, fascinating, attractive
(cp. *viehättää* to charm)	

Sanonta:

tulla toimeen	to get on, get along, manage

☆

pala/a-n paloi palanut	to burn, be on fire
+ pudo/ta putoan putosi pudonnut	to fall (down), be dropped
(cp. *kaatua*)	
ui/da-n ui uinut	to swim, bathe

MITÄ KOTILAISET OVAT TEKEMÄSSÄ

1. Pentti Ora: Minnako siellä on? Pentti-setä täällä. Onko äitisi kotona?
2. Minna: Ei ole, äiti on Lauria katsomassa sairaalassa.
3. P: Mitä, onko Lauri joutunut sairaalaan? Mitä hänelle on tapahtunut?
4. M: Kaatui laskettelumäessä ja jalka meni poikki. Me käymme katsomassa häntä joka päivä.
5. P: Olipas ikävää! Isäsi on varmaan taas ylitöissä.
6. M: Ei, isä on autonäyttelyssä, valitsemassa uutta autoa.
7. P: Eikö Riittakaan ole kotona?
8. M: Ei, Riitta on hiihtämässä Lassen kanssa.
9. P: Minulla olisi vähän asiaa vanhemmillesi. Mihin aikaan minä voisin soittaa uudelleen?
10. M: Yritä neljän jälkeen. Kaikkien pitäisi palata siihen mennessä.

■■■

11. Pentti Ora: Olipa huono onni. Kaikki sattuivat olemaan poissa kotoa paitsi Minna.
12. Eeva-Liisa Ora: No, mihin kaikki olivat menneet?
13. P: Helena oli mennyt sairaalaan Lauria katsomaan.
14. E: No, mikäs Laurilla on? Toivottavasti ei mitään vakavaa?
15. P: Jalka poikki slalommäessä. Hän on vasta hiljattain oppinut laskemaan, ja mäki oli jäinen ja liukas.
16. E: Se on vaarallista urheilua, sitä minä olen aina sanonut.
17. P: Risto oli lähtenyt autonäyttelyyn ja Riitta hiihtämään Lassen kanssa. Minna pyysi minua soittamaan uudelleen neljän jälkeen. Minun pitäisi saada heidät kiinni tänään.

■■■

18. Pentti Ora: Hei, Riitta, sinä olet tullut hiihtämästä. Oliko hyvä keli?
19. R: Ei hullumpi. Vähän kovat ladut, mutta tämä oli vain kymmenen kilometrin lenkki. Mitä? Minun on mahdoton kuulla sinun puhettasi tässä melussa. Minna, lakkaa soittamasta tuota hirveää musiikkia, minä olen puhelimessa ... Äitiäkö sinä kysyit? Ei ole vielä palannut. Mutta isä on tässä ihan vieressä, pyydänkö hänet puhelimeen?
20. P: No terve, Risto. Rolls Roycenko valitsit?

21. Risto (nauraa): Kuule, tuskin meillä on tällä hetkellä varaa vaihtaa autoa. Mutta eihän se estä katselemasta.
22. P: Minä kuulin Minnalta Laurin tapauksesta.
23. R: Niin, poika joutuu makaamaan aika kauan. Minä kielsin häntä silloin lähtemästä mäkeen. Pysy kotona, minä sanoin, mutta eihän se auttanut.
24. P: Nuoret ovat nuoria, eivät ne usko ennen kuin itse kokevat. — Kuulehan Risto, minulla on sinulle asiaa.
25. R: No, mistä on kysymys?
26. P: Meidän englantilaisten tuttavien poika, teidän Laurin ikäinen, on tulossa Suomeen pariksi kuukaudeksi. Hän harrastaa suomen kieltä ja haluaisi asua perheessä. Voisiko hän tulla asumaan teille?
27. R: Jaa, miksikäs ei. Minä olisin kyllä valmis ottamaan hänet ilman muuta, oppisivat kaikki vähän lisää englantiakin. Mutta minun täytyy jutella asiasta Helenan kanssa.
28. P: Luonnollisesti. Asialla on vähän kiire, hän pyytää vastausta tämän kuun viimeiseen päivään mennessä. Voisitteko te ilmoittaa mahdollisimman pian, mitä olette päättäneet?
29. R: Selvä se. Minä soitan sinulle niin pian kuin mahdollista.

Minun on mahdoton(ta) kuulla. It's impossible for me to hear.
Lasten on helppo oppia uusia asioita.

niin pian		pian
niin usein	kuin mahdollista = mahdollisimman	usein
niin hyvin		hyvin

lähtien — mennessä
Olemme tehneet tätä projektia tammikuun alu**sta lähtien**.
Sen pitää olla valmis helmikuun loppu**un mennessä**.

laskea (= liikkua alaspäin)
aurinko laskee
rahan arvo laskee
laskea mäkeä (kelkalla, suksilla)
slalom on suomeksi **laskettelu**; osaatko sinä **laskettella**?
lentokone **laskeutuu**

kaatua — pudota
Puu kaatui tuulessa. Hiihtäjä voi kaatua pahastikin.
Voi voi, lasi kaatui ja vesi meni pöydälle!
Omena putoaa.
Jos nukut lattialla, et putoa sängystä (kiinalainen sananlasku).

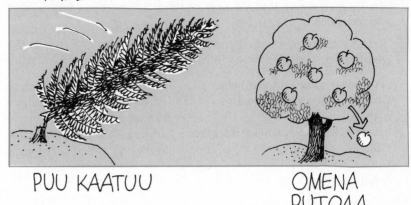

"FALL"

PUU KAATUU

OMENA PUTOAA

lakata
Sade lakkaa.
On lakannut sata**masta.**

pysyä — jäädä
Minun pitää pysyä vuotee**ssa.**
Jään vuotee**seen,** kun muut lähtevät ulos.

Kielioppia

---

1. "tekemässä", "tekemään", "tekemästä" (third infinitive)

a)

Missä Pekka on?	Where is Pekka?
Hän on hiihtä/mässä tai pelaa/massa jääkiekkoa.	He is skiing or playing ice-hockey.
Kun isä tuli kotiin, lapset olivat teke/mässä lumiukkoa.	When Father came home, the children were making a snowman.

The basic meaning and structure of the third-infinitive form "tekemässä" was discussed in FfF 1, 24:1.

"tekemässä" is most often combined with the verb *olla,* but it also combines with others:

Seisoimme katsele/massa peliä.	We stood there watching the game.
Jussi on istunut odotta/massa tunnin.	Jussi has been sitting and waiting for an hour.
Marja käy usein katso/massa sairasta tätiään.	Marja often goes to see her sick aunt.

Note. In connection with this form, the direct object is usu. in the partitive:

Kun tapasin Pentin, hän oli pese/mässä autoa.	When I met Pentti, he was washing the car.

Note also: *olla menossa* (rather than *menemässä*), *tulossa, lähdössä; olla olemassa* to exist.

b)

Mihin Pekka meni?	Where did Pekka go?
Hän meni hiihtä/mään tai pelaa-maan jääkiekkoa.	He went skiing (to ski) or playing ice-hockey.
Tytöt lähtivät tanssi/maan.	The girls went dancing.
Mennään syö/mään!	Let's go and eat!
Istu vähän lepää/mään!	Sit down and rest a bit!
Isä vei meidät ui/maan.	Father took us swimming.

Besides being used in combination with verbs which express motion in one direction (**mennä, tulla, saapua, palata, lähteä, juosta** etc.) the form "teke-mään" also has many idiomatic uses.

It is combined with most verbs ending in **-ua, -yä**:

Jos satutte tapaa/maan hänet (inf. *sattua*) . . .	If you happen to meet her . . .
Onnistuin saa/maan matkaradion halvalla (inf. *onnistua*).	I managed to get a portable radio cheap.
Kyllästyin odotta/maan (inf. *kyllästyä*).	I got (sick and) tired of waiting.

It is combined with **oppia**, **opettaa**, **jäädä**, **jättää**, **pyytää** (and other verbs denoting requesting or commanding):

Lapsi oppi luke/maan.	The child learnt to read.
Pyytäkää häntä tule/maan heti.	Ask him to come at once.
He jäivät hiihtä/mään.	They stayed behind, skiing.
Jätimme Maijan ulos leikki/mään.	We left Maija out, playing.

It is combined with **olla** + **adjective** to indicate how one is qualified to do something:

Ville on hyvä (huono) laske/maan.	Ville is good (bad) at arithmetic.
Hän on nopea ja innokas (hidas ja haluton) oppi/maan uutta.	He is quick and eager (slow and unwilling) to learn new things.
Olen väsynyt toista/maan aina samoja asioita.	I'm tired of repeating the same things all the time.
Oletko valmis lähte/mään?	Are you ready to go?
Hän on tottunut juo/maan teetä.	He's used to drinking tea.

c)

Mistä Pekka tulee?	Where's Pekka coming from?
Hän tulee hiihtä/mästä tai pelaa/masta jääkiekkoa.	He's coming from skiing or playing ice-hockey.

The form "tekemästä" (structure: *teke/vät → teke/mästä*) indicates that somebody stops doing or is prevented from doing something. In addition to being used with **tulla** and **palata** the verbs it is used with include the following:

lakata lakkaan lakkasi to stop (doing)	*Lakkaa heti vihel-tä/mästä!*	Stop whistling at once!
kieltää kiellän kielsi to forbid, tell not to	*Kiellä häntä kerto/mas-ta!*	Tell him not to tell anyone!
varoittaa varoitan va-roitti to warn	*Varoitin heitä myöhäs-ty/mästä.*	I warned them not to be late.
estää estän esti to prevent	*Et voi estää minua läh-te/mästä.*	You can't prevent me from going.

2. Words ending in -as (-äs)

(Review the **sairas** words in the two lists on pp. 102 and 216, FfF 1.)

Lapsi on vilkas.	The child is lively.
Kaksi vilkasta lasta.	Two lively children.
Vilkkaan lapsen leikit.	The games of a lively child.
Paljon vilkkaita lapsia.	Many lively children.
Opettaja on tottunut vilkkaisiin lapsiin.	A teacher is used to lively children.

Note these points about **sairas** words:
— The principal parts are
    sairas -ta sairaan sairaita
   + *vilkas -ta vilkkaan vilkkaita*
— The "into" case ends in **-seen** (pl. **-siin**)
— Only two forms have weak grade: **vilkas, vilkasta.**

The **sairas** words comprise all adjectives and most nouns ending in **-as (-äs)**. Irregular is *paras -ta parhaan parhaita.*

Exceptions:
— *lihas (lihasta lihaksen lihaksia)* muscle, and a few other 2-syllable nouns
— recent loanwords ending in **-as**, e.g. *ananas (ananaksen)* pineapple
— most personal names, e.g. *Elias: Eliaksen, Armas: Armaksen* (first names), *Kallas: Kallaksen, Varras: Varraksen* (family names)

3. The pronoun "mikään"

Principal parts:
mikään mitään minkään mitään any, anything
ei mikään no, nothing
(For a declension chart see App. 4:II. Cp. *kukaan*, 1:3.)

The pronoun *mikään* is used in questions and negative sentences:

Oletko kuullut mitään Pekasta?	Have you heard anything about Pekka?
Mikään ei ole täydellistä.	Nothing is perfect.
Ei mitään uutta auringon alla.	There's nothing new under the sun.
Tämä ruoka ei maistu miltään.	This food has no taste.
Mitkään muut keinot eivät tässä tilanteessa auta.	No other means will help in this situation.

Note. Remember that, in a negative sentence, the partitive as such expresses the idea "not any":

Hänellä ei ole rahaa (**not** *mitään rahaa*).	He hasn't got any money.

To emphasize the negation, words like *yhtään, lainkaan, ollenkaan* would be preferred.

Idiomatic expressions:

Anteeksi! — Ei (se) mitään.	Sorry! — Never mind.
Siitä ei tule mitään.	It's no good ("nothing will come of it").
Sille ei voi mitään.	That can't be helped.
Hänestä ei ole mihinkään.	He's good for nothing.
Tämä filmi ei ole mistään kotoisin.	This film is not worth anything.
En millään voi tulla aikaisemmin.	I can't possibly come earlier.

Sanasto

estä/ä-n esti estänyt (tekemästä) — to prevent, hinder, obstruct
hiljattain (= *äskettäin*) — recently, lately
+ joutu/a joudun joutu/i-nut (johonkin, tekemään jtk) — to get into a (difficult) situation, get involved; have to do, be compelled to do

+ jutel/la juttel/en-i jutellut (= *keskustella, puhella*) — to talk, chat
keli-ä-n kelejä — condition of snow (for skiing), of roads (for traffic)

+ kieltä/ä kiellän kielsi kieltänyt (tekemästä) (cp. *kielto* prohibition) — to forbid, prohibit, tell not to
+ koke/a koen koki kokenut (cp. *kokemus* experience) — to experience, undergo, live through
+ laka/ta lakkaan lakkasi lakannut (tekemästä) (cp. *lakko* strike) — to stop (doing); cease, discontinue
laske/a-n laski laskenut — (also:) to let go; go down, descend
laskettelu-a-n-ja (cp. *lasketella*) — downhill skiing, slalom
+ lenkki-ä lenkin lenkkejä — link, loop, round; walk, hike
+ liukas-ta liukkaan liukkaita — slippery
+ maa/ta makaan makasi maannut — to lie (down), be in bed
melu-a-n-ja — noise
mennessä:
    maanantai/hin mennessä — by Monday
näyttely-ä-n-jä — exposition, exhibition, fair
pala/ta-an-si-nnut (cp. *paluu*) — to return, come back, go back
poikki — broken (in two)
poissa (≠ *läsnä*) — away, absent
puhe-tta-en-ita — speech
pysy/ä-n-i-nyt (jossakin) — to stay, remain, keep (on)
+ pyytä/ä pyydän pyysi pyytänyt — to ask, request, beg
    pyydän häneltä apua — I'll ask him for help
    pyydän häntä auttamaan meitä — I'll ask him to help us
+ sattu/a satun sattu/i-nut (tekemään) (cp. *sattuma* chance, accident) — to happen, occur, come to pass
tapa/us-usta-uksen-uksia — event, case, incident
    joka tapauksessa — in any case, at all events
    siinä tapauksessa — in that case
    ei missään tapauksessa — in no case, not on any account
tuskin — hardly, scarcely
uudelleen (= *uudestaan*) — again, anew

vaaralli/nen-sta-sen-sia (≠ *vaara-ton,* cp. *vaara*)	dangerous, risky
vara-a-n varoja (usu. pl.)	means, resources, funds
varmaan(kin) (cp. *varmasti* surely)	likely, probably, certainly
vasta	only, not until
viimei/nen-stä-sen-siä (≠ *ensim-mäinen*) (cp. *viime* ≠ *ensi*)	last, final

Sanontoja:

+ ei hullumpi	not bad, very nice
ilman muuta	naturally, of course, without question
olla varaa:	
meillä ei ole varaa siihen	we cannot afford it
saada kiinni	to catch, get hold of

☆

+ innokas-ta innokkaan innokkaita (tekemään) (cp. *into*)	eager, enthusiastic
+ jättä/ä jätän jätti jättänyt	to leave (something somewhere)
jätin rahat pöydälle	
jätin lapset ulos leikkimään	
onnistu/a-n-i-nut (tekemään)	to succeed, manage to
tottunut-ta tottune/en-ita (teke-mään) (cp. *tottua*)	used, accustomed to
+ varoitta/a varoitan varoitti varoit-tanut (jotakuta tekemästä jtk) (cp. *varoitus*)	to warn, caution

MEIDÄN OLISI PITÄNYT LÄHTEÄ AJOISSA

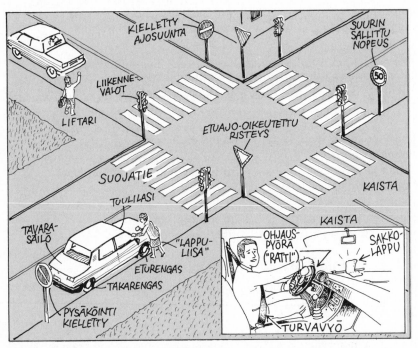

Antti ja Jaana Aarnio ovat lähteneet autolla kaupungille ottaakseen bensiiniä huoltoasemalta ja käydäkseen postitoimistossa. Postin sulkemisaika on lähellä.

1

1. Jaana: Meidän olisi pitänyt lähteä aikaisemmin. Taas tuli tämmöinen kiire. Jos sinä olisit ottanut bensaa eilen, niin kuin minä pyysin, meidän ei olisi tarvinnut nyt käydä huoltoasemalla.
2. Antti: Minä olisin ottanut, jos olisin muistanut. Tiedäthän sinä, miten huonomuistinen minä olen.
3. J: Sinä et osaa keskittyä asioihin, sinä ajattelet aina kaikenlaista muuta. Onko sinulla varmasti mukana henkilötodistus? Sitä kirjattua kirjettä varten.

4. A: Onhan minulla ainakin ajokortti. Vai onko? (Etsii taskustaan.) Eipäs olekaan, se on jäänyt toisen takin taskuun. No, kyllä ne tuntevat minut siellä, vanhan asiakkaan.
5. J: Minkä takia sinä ajat näin kovaa? Minun ymmärtääkseni tässä on kuudenkymmenen kilometrin nopeusrajoitus.
6. A: Taitaa olla, minä en huomannut. Hyvä, että varoitit.
7. J: Jonkun tässä täytyy pitää silmänsä auki. Mutta sinä olet kyllä aivan liian huoleton välittääksesi minun varoituksistani. Muistatkos sitä kertaa, kun oli kauhean liukasta ja minä sanoin, että älä jarruta niin voimakkaasti näin liukkaalla kelillä. Jos sinä olisit uskonut minua, niin me emme olisi ajaneet kolaria.
8. A: Siitä on jo monta vuotta, minä en ollut silloin vielä tottunut talviajoon.
9. J: Ja muistatko meidän ensimmäistä Lapin-matkaa. Jos sinä olisit katsellut tietä etkä maisemia, niin auto olisi pysynyt tiellä.
10. A: Muistaakseni siitäkin on jo monta vuotta. Sinulla on pitempi muisti kuin minulla ... No niin, nyt ollaan perillä. Kunpa nyt löytäisi pysäköintipaikan. Aina kun on kiire, joka paikka on täynnä autoja. Ahaa, sattuipa hyvin, tuossa on tilaa.
11. J: Mutta eikö siinä ole pysäköiminen kielletty. Näetkö liikennemerkin tuolla kadun päässä?
12. A: Äsh, eihän tämä vie kuin korkeintaan kymmenen minuuttia. Me myöhästymme muuten postista.
13. J: Kenen syy se on, jos tästä tulee sakko?

2

Antti ja Jaana palaavat ja pysähtyvät auton luo — todetakseen, että tuulilasissa odottaa sakkolappu.

14. A: Ei voi olla totta! Tänään kaikki menee pieleen ... Kai sinä nyt olet tyytyväinen, kun olit taas oikeassa ja minä väärässä. Sano vain suoraan, mitä ajattelet!
15. J: Minä ajattelen, että nyt on parasta ajaa kotiin ja keittää hyvät kahvit. Minulla on pari leivosta jääkaapissa.
16. A: Kuule Jaana, sinä et ole yhtään hullumpi vaimo. Joskus vain vähän liian täydellinen. Kaikki muut naiset olisivat sanoneet: mitäs minä sanoin!
17. J: Et sinäkään ole hullumpi mies. Joskus vain vähän hajamielinen. Mitäs näistä pikkuasioista! Tullaan huomenna uudelleen ja sinä otat ajokortin mukaan.
18. A: Mutta kun tuli tuo sakkokin ...
19. J: (antaa hänelle suukon). Sinähän voit voittaa sen takaisin jo ensi viikon lotossa.

-lainen (-läinen) = -moinen (-möinen)
millainen? (= mimmoinen?) tuollainen = tuommoinen
tällainen = tämmöinen sellainen = semmoinen

mukana — mukaan
Onko sinulla luottokortti mukana? On, otin sen mukaan.
Lain mukaan ajokortin saa 18-vuotiaana.

taitaa
Ulkona taitaa sataa (= kai, mahdollisesti sataa).
Taidan lähteä uimaan (= voi olla, että / luulen, että lähden).
Taitaako (= osaako) Pekka saksaa? Kyllä, hänellä on hyvä saksan
kielen taito.

todeta
Lääkäri totesi, että nainen oli kuollut
(= huomasi tämän tosiasian).
Ministeri totesi puheessaan, että inflaatio on pysähtymässä
(= sanoi tämän tosiasian).

Kielioppia

1. Conditional perfect

(Review the Conditional present, including the "if" sentences, in FfF 1, 28:3.)

Affirmative				Negative			
olisin	nähnyt	I	would	en	olisi	I	would
olisit		you	have	et	nähnyt	you	not
olisi		he/she	seen	ei		he/she	have
olisimme	nähneet	we		emme	olisi	we	seen
olisitte		you		ette	nähneet	you	
olisivat		they		eivät		they	

Question:		**Negative question:**	
olisinko (minä)	would I have	enkö (minä) olisi	would I not
nähnyt?	seen? etc.	nähnyt?	have seen? etc.

Structure:
— The auxiliary *olla* is inflected in the conditional present: *olisin, olisit* etc.
— The main verb is in the past participle: sing. *nähnyt,* pl. *nähneet.*

Examples:

Jos ilma olisi ollut kaunis, perhe olisi lähtenyt maalle.	If the weather had been fine, the family would have gone to the country.
Jos meillä olisi ollut aikaa, olisimme käyneet museossa.	If we had had the time, we would have visited the museum.
He eivät olisi tehneet tätä, jos olisit varoittanut heitä.	They would not have done this if you had warned them.
Olisin voinut vannoa, että ...	I could have sworn that ...
Hänen ei olisi pitänyt valehdella.	He should not (ought not to) have lied.
Sinulla olisi pitänyt olla enemmän järkeä.	You should have had more sense.
Kunpa (= jospa) olisin tiennyt tämän aikaisemmin!	If only (= I wish that) I'd known this earlier!

2. "tehdäkseen" in order to do (long form of first infinitive)

Asuin puoli vuotta Ranskassa oppia/kse/ni ranskaa.	I stayed in France for half a year in order to learn French.
Hän soitti meille kysyä/kse/en (kysyä/kse/nsä), voimmeko tulla.	She called us (in order) to ask whether we could come.
Ymmärtää/kse/nne kansaa teidän pitäisi tuntea sen historiaa.	In order to understand a nation, you ought to know its history.
Emme elä syödä/kse/mme, vaan syömme elää/kse/mme.	We do not live in order to eat, we eat in order to live.

The long form of the first infinitive expresses purpose and answers the question *miksi?*

Structure:

Basic form of the verb		Possessive suffix according to the person referred to (= subject)
oppia	+ kse +	*ni (si, nsa = en)*
ymmärtää	+ kse +	*mme (nne, nsä = en)*

Note. The long form of the first infinitive is also used as a substitute for *mikäli* (= *sikäli kuin*) "as far as" clauses:

		As far as I		
Tietää/kse/ni	*hän on*		know	he is
Luulla/kse/ni	*vielä*		think	still
Ymmärtää/kse/ni	*ulkomailla.*		understand	abroad.
Muistaa/kse/ni			remember	

The long form of the first infinitive cannot be used in passive sentences (see 12:1).

Note. "tehdäkseen" or "tekemään"?
The 3rd-infinitive form "tekemään" is most typically used with verbs expressing motion (see 2:1), "tehdäkseen" with other verbs (for examples see the exercises in lessons 2 and 3, resp.).

When used with verbs of motion, the two forms may occasionally be synonymous:

Isä nousi nojatuolista avaamaan ovea lapsille/avatakseen oven lapsille.
Father rose from his easy chair to open the door for the children.

As a rule, however, there is a difference in meaning, as "tehdäkseen" clearly emphasizes the purpose of the motion; cp.

Mihin sinä juokset?
Where are you running?
Ostamaan ruokaa, ennen kuin kauppa menee kiinni.
To buy food before the shop closes.

Miksi sinä juokset?
Why are you running?
Pysyäkseni kunnossa.
(In order) to keep fit.

3. kumpikin (molemmat), ei kumpikaan, jompikumpi

Tuossa on kaksi uutta levyä.
There are two new records.
Kumpi on parempi?
Which one is better?
Kumpikin on hyvä, olen kuunnellut kumpaakin.
Both are good, I've listened to both.

Ottaisinko kummankin?
Should I take both?
Tiedätkö, kumpikaan ei ole minun makuuni, minä en ottaisi kumpaakaan.
Do you know, neither of them is to my taste, I wouldn't take either of them.

Hm, kyllä minun täytyy ottaa jompikumpi.
Hm, I'll certainly take one or the other.

kumpi kumpaa kumman kumpia? which of the two?
kumpi/kin kumpaa/kin kumman/kin kumpia/kin each of the two, both
ei kumpi/kaan kumpaa/kaan kumman/kaan kumpia/kaan neither, none of
the two
jompi/kumpi jompaa/kumpaa jomman/kumman jompia/kumpia either of
the two, one or the other

A rarer synonym of *kumpi* is *kumpainen* (*kumpaista* etc.); *kumpainenkin*
and *kumpainenkaan* are also used.

Note.

Otan | *kummankin.*	I'll take both.
| *molemmat.*	
Kuuntelin | *kumpaakin.*	I listened to both.
| *molempia.*	
Kumpikin on hyvä. |	Both are good.
Molemmat ovat hyviä. |	
Pidän | *kummastakin.*	I like both.
| *molemmista.*	
Ihastuin | *kumpaankin.*	I was fascinated with both.
| *molempiin.*	

Sanasto

+ ajo/kortti-a-kortin-kortteja	driver's license
haja/mieli/nen-stä-sen-siä (*haja*-scattered)	absent-minded
henkilö/todistus, -kortti	identification card
+ huole/ton-tonta-ttoman-ttomia	carefree; careless
huolto/asema	service station
+ jarrutta/a jarrutan jarrutt/i-anut (*jarru* brake)	to brake, apply brakes
kaiken/lai/nen-sta-sen-sia	all kinds of
+ keittä/ä keitän keitt/i-änyt	to cook, boil
+ keskitty/ä keskityn keskitty/i-nyt (johonkin, tekemään)	to concentrate, be concentrated
+ kielletty-ä kielletyn kiellettyjä	forbidden, prohibited
+ kirjattu-a kirjatun kirjattuja (*kirjata* to register)	registered

kolari-a-n kolareita (*auto/turma,* -*onnettomuus*) — motor accident, collision

korkeintaan (= *enintään*) (≠ *vähintään*) — at (the) most, not over

kunpa (= *jospa*) — if only, I wish that

+lappu-a lapun lappuja — piece, bit, slip; tag, ticket, label

leiv/os-osta-oksen-oksia — (little) cake, pastry

+liikenne/merkki — traffic sign

+lotto-a loton (cp. *lotota lottoan* to play Lotto) — Lotto (number-guessing game)

maisema-a-n maisemia — view, landscape, scene(ry)

mukana (cp. *mukaan*) — along, with, together with

myöhästy/ä-n-i-nyt (jostakin) — to be late (for something)

nopeus/rajoit/us-usta-uksen-uksia — speed limit ("restriction")

perillä (cp. *peri/lle, -ltä*) — at one's destinaton, there

+pysähty/ä pysähdyn pysähty/i-nyt (johonkin, tekemään) — to stop, come to a stop

pysäköi/dä-n pysäköi-nyt (johonkin) — to park (a car)

+pysäköinti/paikka (= "*parkki-paikka*") — parking-place

pää-tä-n päitä — head; end

+riidel/lä riitel/en-i riidellyt (jostakin) (cp. *riita*) — to quarrel, argue, have an argument

+sakko-a sakon sakkoja — fine

+suukko-a suukon suukkoja (= *suudelma; suudella* to kiss) — kiss

+taita/a taidan taisi taitanut or **tainnut** (cp. *taito* skill) — may, be likely to, probably do; to know how to

Pekka taitaa olla sairaana — Pekka is probably ill

taidan kertoa sinulle kaiken — I think I'll tell you everything

takia (postpos. + gen.) (= *tähden, vuoksi*) — because of, due to; for the sake of

tila-a-n tiloja — room, space, place; state, condition; farm

+tode/ta totean totesi todennut (cp. *tosi: toden* true) — to find, note, ascertain; state, say

todist/us-usta-uksen-uksia (*todistaa* to certify etc.) — certificate; school report; evidence

tuuli/lasi — windshield, windscreen

tämmöi/nen (= *tällainen*) — this kind of, like this

täydelli/nen-stä-sen-siä — perfect, complete

varoit/us-usta-uksen-uksia (cp. *varoittaa*) — warning

+ voima/kas-kasta-kkaan-kkaita (*voima* power, strength)	strong, powerful
+ voitta/a voitan voitt/i-anut (cp. *voitto* victory, gain)	to win, beat; gain; overcome
väärä-ä-n vääriä (≠ *oikea*)	wrong, incorrect

Sanontoja:

ajoissa (≠ *myöhässä*)	on time
mennä pieleen (*pieli* door, window, gate post)	to go (all) wrong, turn out badly
olla oikeassa (≠ *väärässä*)	to be right

☆

+ järki järkeä järjen (cp. *järkevä* sensible, reasonable)	reason, common sense
+ luotto/kortti	credit card
sekä A että B	both A and B, A as well as B
+ valehdel/la valehtel/en-i valehdel-lut (cp. *valhe* lie) (≠ *puhua totta*)	to tell lies

HEINÄKUUSSA LÄHDETÄÄN MÖKILLE

1

1. Timo Miettinen: Huomenna on sitten ensimmäinen lomapäivä.
    Lähdetään jo ylihuomenna mökille!
2. Anu Miettinen: Voi, ei lähdetä vielä ylihuomenna, lähdetään pari
    päivää myöhemmin. Minulla on paljon hommaa sitä ennen, en
    minä millään ehdi tehdä kaikkea yhdessä päivässä.
3. T: Tehdään hommat yhdessä. Sano vain, mitä pitää tehdä.
4. A: No minä ehdotan, että me pistetään heti aamulla pyykki pesu-
    koneeseen. Me voidaan siivota huoneet samalla kun pestään
    vaatteita. Lounaan jälkeen täytyy käydä ostoksilla, me tarvitaan
    ruokaa mökille viikonlopuksi. Kai me otetaan taas purkki herne-
    keittoa ja makkaralenkki, niistä me saadaan nopeasti syötävää.

Sitten meiltä puuttuu saunasaippuaa. Kaupassa on saippuatarjous, sitä uutta Ihmex-saippuaa, jota ne ovat mainostaneet televisiossa. Mitä jos kokeillaan sitä.

5. T: Miksikäs ei. Sitten pitää samalla ostaa korillinen juomia. Mökillä tulee aina jano.

2

Seuraavana aamuna aamiainen syödään tavallista aikaisemmin. Ensimmäiset vaatteet työnnetään pesukoneeseen puoli kahdeksalta ja huoneiden siivoaminen aloitetaan samanaikaisesti. (Anu siivoaa keittiön ja makuuhuoneen ja Timo muut huoneet.) Valmis pakastekeitto lämmitetään lounaaksi. Ostokset tehdään lounaan jälkeen. Laskut maksetaan (ne maksaa Timo). Osoitteen muutos viedään postiin (sen vie Anu).

Mökkitavarat pakataan iltapäivän kuluessa. Kissa viedään naapuriin ja naapurit hyvästellään ennen iltauutisia. Sitten kaikki onkin valmista ja yölepo voi alkaa.

Yhteistyö on voimaa!

3

Miksi Timolla on semmoinen kiire mökille? Mitä kesämökillä tehdään?

Kaikki riippuu tietenkin mökin asukkaista ja heidän harrastuksistaan. Mutta koska mökki yleensä sijaitsee lähellä vettä, siellä saunotaan ja uidaan, kalastetaan, liikutaan paljon veneellä. Mökillä otetaan aurinkoa, pelataan pallopelejä, pyöräillään. Joskus tehdään retkiä saareen. Ulkona koetetaan olla niin paljon kuin mahdollista. Ruokakin voidaan valmistaa ulkogrillissä. Usein mökillä kasvatetaan joitakin vihanneksia. Heinäkuusta lähtien poimitaan myös marjoja, kuten mansikoita ja mustikoita. Sateella istutaan sisällä, luetaan tai kuunnellaan radiota. Mökillä käydään usein kylässä naapureiden luona — siellä ihmiset tutustuvat toisiinsa helpommin kuin kaupunkien kerrostaloissa — ja tavataan sukulaisia.

Mökin merkitys mielenterveydelle on suuri. Työelämän huolet jätetään kaupunkiin. Mökillä halutaan elää rauhassa, lähellä luontoa, kaukana kiireestä ja stressistä. Mökillä eletään yksinkertaisemmin kuin kaupungissa, usein ilman puhelinta ja sähköä. Kesällähän on valoisaa öisinkin.

Lomien jälkeen ihmisillä on tapana käydä mökillä viikonloppuisin. Syksyllä poimitaan marjoja ja sieniä ja talvella käydään hiihtämässä. Jos mökkiä käytetään talvellakin, se rakennetaan huolellisemmin ja siellä voi esim. olla sähkölämmitys.

Suomessa on n. 250 000 lomamökkiä, joista suurin osa sijaitsee Etelä-Suomessa (luku on vuodelta 1983).

ehtiä

Tänään en ehdi auttaa sinua (= minulla ei ole aikaa siihen).
Koetin ehtiä (= tulla ajoissa) viiden junaan, mutta en ehtinyt
(= myöhästyin junasta).

puuttua

Minulla ei ole tarpeeksi pikkurahaa, minu**lta** puuttuu markka.

Tapan ystäväni.

Tässä lauseessa on kirjoitusvirhe.
Ensimmäise**stä** san**asta** puuttuu yksi a.

kuppi (kupin) — **kupillinen** kahvia; kaksi lasillista vettä

Kielioppia

---

1. The Finnish passive

When a speaker of Finnish wants to indicate that something or somebody is
acted upon but not who performs the action, he uses the passive:

Lasku maksetaan.   The bill will be paid.

In English, it is possible to indicate the performer of the action in the
passive sentence through the so-called agent: The bill will be paid *by*
somebody. This is impossible in Finnish; the corresponding idea must be
expressed with an active sentence, changing the word-order, cp.

Kuka on kirjoittanut Hamletin?   Who wrote "Hamlet"?
Hamletin on kirjoittanut William   "Hamlet" was written by William
Shakespeare.   Shakespeare.

Kaupunginorkesteri soittaa   The City Orchestra will play
Finlandian. Orkesteria johtaa Jorma "Finlandia". The orchestra will be
Panula.   conducted by Jorma Panula.

The passive is a far more frequent form in Finnish than in English.
It corresponds to the following structures:

1. English passive sentences ("is/are done" etc.)

Talo siivotaan perjantaisin.	The house is cleaned on Fridays.
Nämä monisteet annetaan kaikille.	These handouts will be given to everybody.

2. Impersonal sentences of the type "people do, one does, you do, we do, they do" (cp. Fr. *on fait,* Germ. *man tut,* Swed. *man gör*). This is the basic meaning of the Finnish passive, which is essentially an impersonal verb form.

Päivällä tehdään työtä ja illalla levätään.	People work during the day and rest in the evening.

Thus, all verbs that fit the formula "people do" — with the exception of impersonal verbs like *täytyy, pitää,* and *olla* "to have" — may be used in the passive.

3. in speech (and writing in a familiar, informal style), the 1st pers.pl. ("teemme" etc., see FfF 1, 33:2 Note; cp. Fr. *on fait, on va* etc.)

Me lähdetään illalla ulos.	We'll go out tonight.

2. Passive present tense

Structure:

juoda	*juoda/an* is/are drunk; people drink, one drinks; we drink

If the infinitive ends in *one vowel,* add **-an (än)**.

(lukea) lue/n	*lue/taan* is/are read; people read, one reads; we read

If the infinitive ends in *two different vowels,* add **-taan (-tään)** to the stem of the 1st pers. present tense.

(ottaa) ota/n → *ote-*	*ote/taan* is/are taken; people take, one takes; we take

If the infinitive ends in **-aa (-ää)**, use the 1st pers. present stem, but the **-a (-ä-)** will change to **-e-**.

Negative:	Question:	Negative question:
ei juoda	*juodaan/ko?*	*ei/kö juoda?*
ei lueta	*luetaan/ko?*	*ei/kö lueta?*
ei oteta	*otetaan/ko?*	*ei/kö oteta?*

Further examples:
(Note that, in a passive sentence, adverbs of time, place etc. generally precede the verb.)

Sanotaan, että ...	It is said that ...
Täällä puhutaan suomea.	Finnish is spoken here.
Kuinka tämä sana kirjoitetaan?	How is this word spelled?
Ongelmaa ei tunneta tarpeeksi.	The problem is not sufficiently known.
Miksi näistä asioista ei keskustella enemmän?	Why aren't these matters discussed more?
Kesällä uidaan, talvella hiihdetään.	People swim in summer and ski in winter.
Niinkin voidaan ajatella.	You can think that way, too.
Nyt syödään.	We'll eat now.
Eikö levätä vähän?	Shall we not rest a little?
Mennäänkö hiihtämään?	Shall we go skiing?
Huomenna me ostetaan huonekaluja.	Tomorrow we'll buy some furniture.

Note 1. As you will remember (FfF 1, 33:2), the passive present is also used to express "let us do".

Mennään kotiin!	Let's go home!
Ei kerrota hänelle mitään!	Let's not tell him anything!

Note 2.

Työpäivän jälkeen ollaan väsyneitä.	After a working-day, people are tired.

If the verb *olla* is in the passive, the complement will be in the plural.

Note 3.

Jos tekee työtä, saa palkkaa.   If you work, you'll get your pay.
(Jos tehdään työtä, saadaan palkkaa.)

The impersonal 3rd pers.sing. of the verb is used in statements of a very general character (the missing subject could be "anybody", "everybody"). Passive forms are sometimes used synonymously.

In specific situations, with specific (though unnamed) persons in mind, only the passive is possible:

Meidän toimistossa poltetaan liikaa.   In our office, people smoke too much.

Note 4.
The Finnish passive has no infinitive form ("to be done") of its own:

Kamera voidaan korjata.   The camera can be repaired.

Note 5.
The long form of the 1st infinitive ("tehdäkseen"), which always refers to the subject of the sentence, cannot be used in passive sentences, which have no subject (see 12:1).

3. Direct object in passive sentences

Hauska asia muistetaan helposti.   A pleasant thing is easily remembered / One easily remembers a pleasant thing.
Me ostetaan pyörä.   We'll buy a bike.
Ostetaan pyörä!   Let's buy a bike!

The nominative will always replace the genitive in the direct object if the verb is in a passive form (cp. FfF 1, 39:1).

Personal pronouns retain their accusative:

Hänet viedään sairaalaan.   He will be taken to hospital.

The partitive object, as always, stays in the partitive:

Näitä esineitä ostetaan paljon.   These things are bought a lot / People buy a lot of these things.
Häntä viedään sairaalaan.   He is being taken to hospital.

4. Words ending in -si (type "uusi")

(Review the **uusi** words in the two lists in FfF 1, pp. 101, 214.)

Ihmisellä on kaksi kättä.	People have two hands.
Kädet ylös!	Hands up!
Kädestä käteen.	From hand to hand.
Kummalla kädellä poimit marjoja?	With which hand do you pick berries?
Molemmilla käsillä.	With both hands.
Kätesi ovat kylmät.	Your hands are cold.

A number of two-syllable words ending in -**si** are inflected like *käsi* above. Due to an old change of -**ti** to -**si**, the basic form sing. and the pl.stem have an -**s**-. The rest of the forms have retained the -**t**-, which alternates with -**d**- according to the general rules of **k p t** changes.

Principal parts:

uusi	new	*uutta*	*uuden*	*uusia*	(Illat. *uuteen*)
länsi	west	*länttä*	*lännen*	*(länsiä)*	(Illat. *länteen*)
virsi	psalm	*virttä*	*virren*	*virsiä*	(Illat. *virteen*)

yksi, kaksi have a different partitive sing.:

yksi	one	*yhtä*	*yhden*	*yksiä*	(Illat. *yhteen*)

Note.

kuusi	six	*kuutta*	*kuuden*	*kuusia*	(Illat. *kuuteen*)
kuusi	spruce	*kuusta*	*kuusen*	*kuusia*	(Illat. *kuuseen*)

Note also: Loanwords ending in -**si**, e.g. *lasi*, are declined like **bussi** (**-a-n busseja**).

Sanasto

+ehdotta/a ehdotan ehdott/i -anut | to suggest, propose
(cp. *ehdotus*)

+ehti/ä ehdin ehti-nyt (tehdä t. | to have time (to do sthg); be in time
tekemään; johonkin) | (not late)

grilli-ä-n grillejä | grill, barbecue

herne-ttä-en-itä | pea

homma-a-n hommia (puhek. = | job, something to do
työ; cp. *hommata*)

huolelli/nen-sta-sen-sia | careful, thorough, painstaking
(≠ *huolimaton*)

hyvästel/lä-en-i-lyt (= *sanoa* | to say goodbye
hyvästi t. näkemiin)

+kasvatta/a kasvatan kasvatt/i-anut | to grow; rear, raise; bring up;
(cp. *kasvaa; kasvatus*) | educate

kokeil/la-en-i-lut (jotakin) | to try (out), experiment

kori-a-n koreja | basket; crate, case

korilli/nen-sta-sen-sia | basketful

kuluessa (postpos. + gen.) (cp. | during, in the course of, within
kulua to pass, elapse)

+luku-a luvun lukuja | number, figure; chapter; (pl. also:)
studies

+lämmittä/ä lämmitän lämmitt/i | to warm (up), heat (up)
-änyt (cp. *lämmitys*)

mainosta/a-n mainost/i-anut | to advertise (commercially)
(jotakin) (cp. *mainos*)

+mansikka-a mansikan mansikoita | strawberry

marja-a-n marjoja | berry

merkit/ys-ystä-yksen-yksiä | meaning, sense; significance

muut/os-osta-oksen-oksia | change, alteration

pakaste-tta-en-ita | frozen food

pes/tä-en-i-syt (cp. *pesukone*) | to wash

pistä/ä-n pisti pistänyt (cp. *panna,* | to put; stick; prick, sting
asettaa, laittaa)

poimi/a-n poimi-nut | to pick, gather

+purkki-a purkin purkkeja | can, tin, jar, pot
(= *tölkki)*

+puuttu/a puuttu/u-i-nut | to lack, want, be missing

minulta puuttuu aikaa | I have no time

kirjasta puuttui lehti | one leaf of the book was missing

+pyykki-ä pyykin pyykkejä | laundry, washing

pyöräil/lä-en-i-lyt | to cycle, bike

+ rakenta/a rakennan rakensi rakentanut	to build, construct
retki retkeä retken retkiä	trip, outing, picnic, excursion; expedition
saippua-a-n saippuoita	soap
sieni sientä sienen sieniä	mushroom; fungus; sponge
siivo/ta-an-si-nnut	to clean, tidy up
tarjo/us-usta-uksen-uksia	offer, bid; special offer
tietenkin (= *tietysti, totta kai*; neg. *ei tietenkään*)	of course, naturally
+ työntä/ä työnnän työnsi työntänyt (≠ *vetää*)	to push; stick, cram
uuti/nen-sta-sen-sia	(piece, item of) news
valmista/a-n valmist/i-anut (cp. *valmis; valmistus*)	to make, prepare; to make ready
vene-ttä-en-itä (cp. *laiva*)	boat
voima-a-n voimia	power, force, strength
yhteis/työ	cooperation, collaboration
yksin/kertai/nen-sta-sen-sia	simple, plain

Sanontoja:

ei millään	not on any account
olla tapana	to be in the habit of, usually do
hänellä on tapana kävellä joka päivä	he is in the habit of taking a walk every day
samalla	at the same time
samalla kun	while

☆

+ johta/a johdan joht/i-anut	to lead, direct, conduct; manage; derive (words)
moniste-tta-en-ita (*monistaa* to duplicate, photocopy)	stencil; handout
+ vasen-ta vasemman vasempia	left(-hand)

5

MITEN ENNEN ELETTIIN

Aina kun vaari, joka oli muuttunut jo vähän hajamieliseksi, tapasi nuorta väkeä, hänellä oli tapana ruveta puhumaan vanhoista hyvistä ajoista.

— Te nykyajan nuoret olette mielestänne niin viisaita, mutta mitä te tiedätte siitä, miten ennen elettiin? Ihan totta, minun nuoruudessani elettiin paremmin kuin nykyään. Antakaas kun kerron teille.

Ja sitten vaari kertoi.

■■■

Kerran vaari taas liittyi nuorten seuraan ja aloitti tapansa mukaan:

— Kuulkaa te nuoret, tiedättekö te ollenkaan, miten ennen elettiin?

— Kyllä me jotain tiedetään, vastasi Pekka. — Silloin elettiin terveempää ja yksinkertaisempaa elämää. Asuttiin enemmän maalla. Viljeltiin maata, tehtiin työtä ulkoilmassa. Ei sairastettukaan paljon, koska ei saastutettu ilmaa monilla tehtailla.

— Niin, ja kaikkea ei ostettu kaupasta kuten nykyisin, jatkoi Leena. — Kaikki mahdollinen valmistettiin kotona. Vaatteita tehtiin paljon itse. Leipä leivottiin kotona ja maito, voi ja liha saatiin omista kotieläimistä. Sillä tavalla ei tarvittu kovinkaan paljon rahaa.

— Ei tarvittu paljon rahaa, sanoi Olli. — Eikä työtä tehty rahasta, vaan työn ilosta. Lauantainakin oltiin työssä, ei laiskoteltu. Ahkeraa ihmistä arvostettiin ihan eri tavalla kuin nyt.

— Aina oltiin valmiita yrittämään itse, ei odotettu, että kaikki tulee valmiina nenän eteen. Ei ollut robotteja eikä tietokoneita, ajateltiin omilla aivoilla ja tehtiin työtä omilla käsillä, selitti Minna.

— Eikä istuttu television ääressä, vaan urheiltiin ja ulkoiltiin paljon. Vierailtiin sukulaisten ja tuttavien luona ja keskusteltiin mielenkiintoisista asioista. Ei kuunneltu kasetteja, soitettiin ja laulettiin itse. Ja siihen aikaan musiikki oli vielä musiikkia, sanoi Timo.

— Silloin ei ajettu niin paljon autolla, kertoi Martti. — Käytettiin omia jalkoja. Kiirettä ei ollut koskaan, stressistä ei tiedetty mitään. Matkat tehtiin junalla tai linja-autolla, ei juuri lennetty, ja ulkomailla käytiin harvoin. Vieraita kieliä ei osattu yhtä paljon, mutta sen sijaan osattiin puhua kaunista suomea. Joka toinen sana ei ollut englantia kuten nykyään.

— Lapset ja nuoret olivat kohteliaampia, tiesi Marja-Liisa. — Kotona toteltiin vanhempia ja koulussa opettajia. Eikä aikuisia sinuteltu, vaan teititeltiin.

43

— Miehet olivat vielä miehiä, lisäsi Jouni.
— Ja naiset olivat naisia, sanoi Petri.
Vaari oli kuunnellut hämmästyneenä.
— Totta joka sana! Sitä minä vain ihmettelen, että mistä te tämän kaiken tiedätte!

alkaa — ruveta
Mitä Pekka alkaa opiskella?
Hän rupeaa opiskele**maan** musiikkia.

tehdä työtä raha**sta**, itkeä ilo**sta**

pöydässä — pöydällä — pöydän ääressä
istua t. olla pöydässä (syömässä, juomassa)
käykää pöytään! (= tulkaa syömään, juomaan!)
ruoka on pöydässä
pöydällä on kukkia ja kirjoja
Liisa istuu pöydän ääressä kirjoittamassa,
television ääressä,
takan ääressä viettämässä talvi-iltaa

lapsi — **lapsuus** (lapsuuden aika); **nuoruus, vanhuus**

-kin, -kaan
myös — ei myöskään   kuitenkin — ei kuitenkaan
ainakin — ei ainakaan   varmaan(kin) — ei varmaankaan

Kielioppia

1. Passive past tense

a) Affirmative

(*syödä:* *syö/dään*)	*Aamulla syö/tiin aikaisin.*	People had an early breakfast.
(*mennä:* *men/nään*)	*Men/tiin työhön.*	They went to work.
(*tavata:* *tava/taan*)	*Siellä tava/ttiin työtoverit.*	They met their colleagues there.
(*lähteä:* *lähde/tään*)	*Työstä lähde/ttiin neljältä.*	They left work at four.
(*viettää:* *viete/tään*)	*Ilta viete/ttiin kotona.*	The evening was spent at home.
Question:	*Vietettiin/kö ilta kotona?*	Was the evening spent at home?

The passive present minus its last syllable shows the stem common to all passive forms (**syö-**, **men-**, **lähde-**, **tava-**, **viete-**).

In all passive forms except the present, this stem will be followed by the passive characteristic **-t-** (if the present has no **-t-**: *mennään, syödään*) or **-tt-** (if the present has one **-t-**: *lähdetään, tavataan, vietetään*).

The passive past tense affirmative ends in **-tiin**, **-ttiin**.

b) Negative		
(syö/dään)	*Sunnuntaiaamuna ei syö/ty aikaisin.*	On Sunday morning, people did not have an early breakfast.
(men/nään)	*Ei men/ty työhön.*	They did not go to work.
(viete/tään)	*Iltaa ei viete/tty kotona.*	The evening was not spent at home.
Question:	*Ei/kö iltaa vietetty kotona?*	Wasn't the evening spent at home?

Structure: **ei** + passive past participle, which ends in **-(t)tu**, **-(t)ty**.

After **-s-**, **t** cannot be doubled: *pestä* to wash: *pes/tään; pes/tiin, ei pes/ty*.

Note 1. Remember that, with the Finnish passive, it is not possible to tell who performed the action:

Ennen kaikki tehtiin kotona.   Formerly, everything was made at home.

but:

Vaatteita tekivät naiset ja puutöitä miehet.   Clothes were made by women and woodwork was made by men.

Note 2. Colloquially, "me tehtiin" = me teimme:

Me käytiin eläintarhassa, mutta me ei nähty seepraa.   We went to the Zoo but we didn't see the zebra.

2. Comparison of adverbs

(Juna on nopea.)	*Juna kulkee nopeasti.*	A train travels fast.
(Kilpa-auto on nopea/mpi.)	*Kilpa-auto kulkee nopea/mmin.*	A racing-car travels faster.
(Lentokone on nope/in.)	*Lentokone kulkee nopei/mmin.*	An airplane travels fastest.

Adverbs, like adjectives, have the three degrees of comparison.

Structure:

Comparative	Superlative
(nopea/mpi →) nopea/mmin	*(nopei/n →) nopei/mmin*
(hitaa/mpi →) hitaa/mmin	*(hitai/n →) hitai/mmin*

(The comparative of adjectives was explained in FfF 1, 32:1, and the superlative in FfF 1, 37:1.)

Further examples:

		Comparative	Superlative
kauniisti	beautifully	*kaunii/mmin*	*kaunei/mmin*
varmasti	certainly	*varme/mmin*	*varmi/mmin*
mukavasti	comfortably	*mukava/mmin*	*mukavi/mmin*
yleisesti	generally	*yleise/mmin*	*yleisi/mmin*
aikaisin	early	*aikaise/mmin*	*aikaisi/mmin*
pian	soon	*pike/mmin*	*piki/mmin*
(cp. *pika-*)			

Irregular are:

hyvin	well	*pare/mmin*	*parhaiten*
paljon	much	*enemmän*	*eniten*
mielellään	willingly	*mieluummin*	*mieluiten*
(mieluusti)			*mieluimmin*

Many Finnish adverbs were originally nominal cases and may retain their typical endings in the comparative and superlative as well. Examples:

kovaa	loud(ly); at high speed	*kovempaa* *kovemmin*	*kovimpaa* *kovimmin*
myöhään	late	*myöhempään* *myöhemmin*	*(myöhimpään)* *(myöhimmin)*

(About the comparison of local adverbs see 16:2.)

3. The pronoun "kaikki"

a) Singular

kaikki kaikkea kaiken all, everything

Toivon sinulle kaikkea hyvää.	I wish you all the best.
Kaikki oli ihanaa, mutta nyt kaikki on muuttunut.	Everything was wonderful, but now everything has changed.
Kiitos kaikesta!	Thanks for everything!
Hupsu uskoo kaiken (kaikki), mitä kuulee.	A fool believes everything he hears.

b) Plural

kaikki kaikkia kaikkien all (people), everybody

Kaikki kolme veljeäni asuvat Itä-Suomessa.	All of my three brothers live in eastern Finland.
Sääntö ei päde kaikissa tapauksissa.	The rule does not apply in all cases.
Kaikki olivat tyytyväisiä.	Everybody was content.
Ovatko kaikki lähteneet?	Has everybody gone?
Tunsitko heidät kaikki?	Did you know all of them?
Kaikista oli hauska tavata toisiaan.	Everyone was pleased to see each other.

Note. The plural form *kaiket* only occurs in the idiomatic expression *kaiket päivät* day in day out; similarly *kaiket yöt, kesät, talvet* etc.

Other idiomatic expressions:

kaikkein (paras) best of all, the very best; *tehdä kaikkensa* to do one's best; *ennen kaikkea* above all; *kaikesta huolimatta* in spite of all; *siinä kaikki* that's all; *kaikkea muuta kuin* anything but, far from; *kaikin puolin* in all respects

Sanasto

aivot aivoja (pl.)	brain(s)
arvosta/a-n arvost/i-anut (jtk asiaa) (*arvo* value, worth)	to appreciate, value, esteem
elin/taso-a-n-ja	standard of living

hämmästy/ä-n-i-nyt — to be surprised, astonished
  olla hämmästynyt (jostakin) — to be surprised (at)
+ ihmetel/lä ihmettel/en-i ihmetellyt — to wonder, be surprised
  (jtk asiaa) (cp. *ihme*)
ilo-a-n-ja (≠ *suru*) — joy, delight, pleasure
+ laiskotel/la laiskottel/en-i laisko-
  tellut — to have a lazy time, loaf about
+ liitty/ä liityn liitty/i-nyt (johonkin) — to join; become a member; be
  connected with

lisä/tä-än-si-nnyt — to add, increase
+ muuttu/a muutun muuttu/i-nut — to change, be changed, become
  (cp. *muuttaa* to change, make — different
  different)
nenä-ä-n neniä — nose
+ nuor/uus-uutta-uuden — youth, young age
+ nyky/aika — present time, today
  nykyään (= *nykyisin*) — nowadays, at present, now
+ robotti-a robotin robotteja — robot
+ ruve/ta rupean rupesi ruvennut — to start, begin, set about
  (johonkin; tekemään)
+ saastutta/a saastutan saastutt/i — to pollute
  -anut (cp. *saastua* be polluted)
sairasta/a-n sairast/i-anut (jtk — to be ill, have a sickness
  tautia) (cp. *sairastua* to get
  sick, become ill)
sijaan (postpos. + gen.) — instead of
+ sinutel/la sinuttel/en-i sinutellut — to call a person "sinä" and by first
  (jotakuta) — name
+ teititel/lä teitittel/en-i teititellyt — to address a person formally, with
  (jotakuta) — "te"
+ totel/la tottel/en-i totellut — to obey
  (jotakuta)
ulkoil/la-en-i-lut — to take outdoor exercise
vaari-a-n vaareja (cp. *mummo*) — grandfather
vierail/la-en-i-lut (jonkun luona, — to visit, pay a visit, call on
  jossakin paikassa)
viisas-ta viisaan viisaita — wise, prudent, sound; clever
viljel/lä-en-i-lyt (jotakin) — to grow, cultivate; till
+ väki väkeä väen väkiä — people, folk(s), crowd
ääressä (postpos. + gen.) (cp. — by, at, beside
  ääreen, äärestä)

TELEVISIOSSA EI OLE MITÄÄN KATSOTTAVAA

Pirkko on viidentoista vuoden kuluttua kutsunut vieraaksi kouluaikaisen ystävänsä Lailan. He ovat juosseet koko päivän ostoksilla ja katsomassa nähtävyyksiä. Nyt he istuvat iltaa Pirkon kodikkaassa olohuoneessa.

1. Pirkko: Sinä taidat olla väsynyt. Niin olen minäkin. Mehän voidaan vaikkapa katsoa televisiota ... No, mihin minä pistin sen ohjelman?
2. Laila: Katsotaan vain, mikäli siellä on jotain katsottavaa.
3. P: Onhan täällä vaikka mitä. Nyt juuri siellä on alkamassa paneelikeskustelu. Jotkut tunnetut henkilöt keskustelevat häiriköistä ja suomalaisten juomatavoista yleensä.
4. L: Minä en käsitä, minkä tähden paneelikeskustelut ovat niin suosittuja ohjelmia. Aina samat tyypit, jotka vain haluavat julkisuutta. Ja puhuvat tavallisesti aivan muusta kuin keskusteltavasta asiasta.
5. P: Kakkoskanavalla on samaan aikaan, puoli seitsemästä puoli kahdeksaan, musiikkiohjelmaa. Sibeliusta, Klamia ja Rautavaaraa. Kaikki esitettävät kappaleet ovat Kalevala-aiheisia.
6. L: Etkö sinä muista kouluajalta, että minä olen ihan epämusikaalinen? Eikö siellä ole muita puheohjelmia?
7. P: Onhan näitä. Puoli kahdeksalta tulee ykkösellä tietokilpailu ja kakkosella Repe-show. Pidätkö sinä tietokilpailuista?
8. L: Minun täytyy sanoa, että olen harvoin nähnyt hyvin tehtyä tietokilpailua. Esitetyt kysymykset ovat tavallisesti yhtä typeriä kuin annetut vastauksetkin.
9. P: No, katsotaan sitten Repe-showta. Eiväthän ne aina ole hyviä, mutta kyllä minä olen monta kertaa nauttinut kovasti Repen huumorista. Saadaan nauraa, se tekee hyvää.
10. L: Nauraa Repen ala-arvoiselle huumorille! Minä en voi sietää sitä miestä.
11. P: Niin, minä muistan kyllä, että sinä olit jo kouluaikana vähän tosikko, mutta ...
12. L: Minäkö tosikko? Naurettava väite!
13. P: No, minähän laskin vain leikkiä. Unohdetaan Repe. Sitten tulevatkin jo puoli yhdeksän uutiset ja säätiedotus. Nähdään, minkälainen ilma saadaan huomiseksi. Sen jälkeen on ykkösellä vanha kotimainen filmi "Rakkaus vai viha" — se taitaa olla liian lapsellista katsottavaa. Mutta oletko sinä seurannut tätä

kakkosen uutta englantilaista sarjaa "Suljettujen ovien takana",
sekin alkaa uutisten jälkeen?

14. L: Minä en periaatteesta seuraa sarjaohjelmia. Mitä nähtävää
niissä on? Rikoksia ja väkivaltaa, siinä kaikki. Jos minä voisin
vaikuttaa siihen, niin tuollaiset ohjelmat olisivat laissa kiellettyjä!

15. P: Kyllä sinä nyt olet väärässä, ainakin tämä sarja on ihan har-
miton ja romanttinen. Arvosteleminen on niin kovin helppoa ...
Mutta jos sinä et välitä televisiosta, niin annetaan olla. Minä tie-
dän: keitetään teetä ja otetaan jotain suolaista syötävää sen
kanssa. Voidaan samalla puhua vielä vanhoista ajoista ja yhtei-
sistä ystävistä. Ja mennään sitten oikein aikaisin nukkumaan,
sinun junasihan lähtee jo ennen seitsemää aamulla.

numero 1 = **ykkönen**, numero 2 = **kakkonen**
kolmonen, nelonen, viitonen, kuutonen, "seiska", "kasi", "ysi",
"kymppi"
Pekka oli juoksukilpailussa ykkönen ja Paavo kakkonen.
— Millaisen todistuksen Pekka sai? — Hänellä on kymppi englannis-
sa, mutta viitonen matematiikassa.
— Mikä raitiovaunu tuolta tulee? — Kolmonen tai kuutonen.
— Onko sinulla markkoja? — Ei, minulla on vain viitonen ja kaksi
kymppiä.

kuluessa — kuluttua
Virtasten uusi asunto valmistuu tämän kuun kuluessa (= aikana). He
muuttavat sinne kolmen viikon kuluttua (= jälkeen).

etu-, taka-, keski-, ala-, ylä-

vaikka

Menin työhön, **vaikka** olin sairas (''although'').
En ottaisi tuota pukua, **vaikka** saisin sen ilmaiseksi (''even if'').

— Mitä kukkia haluaisitte?
— **Vaikka(pa)** tulppaaneja (''for instance, let's say'').

— Kuka voisi neuvoa minulle tien?
— **Vaikka kuka** (= kuka vain).

Kielioppia

1. ''tehtävä'' — ''tehty'' (present and past participle passive)*

a)

(Tärkeä kirje.)
Kirjoite/ttava kirje.
A letter which is (being) written, will be written, must/can be written.

b)

Kirjoite/ttu kirje.
A letter which was, has/had been written.

(Likaiset vaatteet.)
Pes/tävä/t vaatteet.
The clothes to be washed.
Korillinen pes/tävi/ä vaatteita.

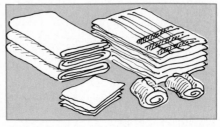

Pes/ty/t vaatteet.
The washed clothes.
Korillinen pes/ty/jä vaatteita.

*Passiivin 1. ja 2. partisiippi

51

(Moderni taulu.)
Myy/tävä taulu.
A picture which is going to be sold,
a picture on sale.
Myy/tävä/n taulun hinta.
Myy/tävi/en taulujen hinta.

Myy/ty taulu.
A sold picture.

Myy/dy/n taulun hinta.
Myy/tyj/en taulujen hinta.

The basic meaning of the present participle passive (a) is ''(something) to be done, (something that) is done, will be done, must be done, can be done''.

Structure:

Passive stem + *(t)tava/(t)tävä*
(myy/dään) *myy* + *tävä*
(kirjoite/taan) *kirjoite* + *ttava*
Principal parts: *myytävä-ä-n myytäviä*

The meaning of the past participle passive (b) is ''(something) done, (something that) was, has been, had been done''.
Structure: see 5:1.
Principal parts: *myyty-ä myydyn myytyjä*

About the meaning of the four participles, compare the pictures below.

Syövä lapsi

Syötävä omena

Syönyt lapsi

Syöty omena

Note.

Haluaisitko juotavaa?
Anna minulle jotakin luettavaa.
Lapsilla ei ole mitään tehtävää.

Would you like something to drink?
Give me something to read.
The children have nothing to do.

(The present and past participle active were explained in 1:1.)

2. Inflection of cardinal numbers

The combination *cardinal number (in basic form)* + *part.sing. of the noun*
is used when, speaking about *one,* the noun would appear in the basic
form. The same rule applies also to the genitive used as a direct object.

(Yksi) poika | *laulaa.* — One boy is singing.
Kuusi poikaa | — Six boys are singing.
Paavolla on (yksi) tytär. — Paavo has one daughter.
Pekalla on neljä tytärtä. — Pekka has four daughters.
Anna minulle | *(yksi) markka!* — Give me one mark!
  | *sata markkaa!* — Give me a hundred marks!
Otetaan | *(yksi) kuppi kahvia.* — Let's take one cup/two cups of
  | *kaksi kuppia* — coffee.
Joimme | *(yhden) kupin teetä.* — We had one cup of tea.
  | *kaksi kuppia* — We had two cups of tea.

In other functions, cardinal numbers are inflected in all cases and, when
modifying a noun, agree with it like adjectives. Examples:

Äiti tuli kauppaan (yhden) lapsen /
kahden lapsen kanssa.
Mother came into the shop with one
child / two children.

Minulla ei ole (yhtä) markkaa /
kymmentä markkaa.
I haven't got one mark / ten marks.

Emme ole tavanneet häntä (yhteen)
vuoteen / viiteen vuoteen.
We haven't met her for one year /
five years.

Tämä koulu on seitsemääsataa
oppilasta varten.
This school is for seven hundred
pupils.

Mies teki työn yhdessätoista päivässä.
The man did the job in eleven days.

Kyselyn mukaan kolmellakymmenel-
läyhdeksällä perheellä oli liian pieni
asunto.
According to the inquiry, thirty-nine
families had too small apartments.

Opintolaina myönnettiin 6347 (kuusi-
tuhatta kolmesataa neljäkymmentä-
seitsemälle) opiskelijalle.
A study loan was granted to 6347
students.

Note that
— the noun connected with the cardinal number appears in the singular
— in compound numerals, each part is inflected in the same way; however, only the last part can be inflected if the compound is very long
— *toista* never changes.

Note also:

Vastaanotto on 17—19.30 The reception will be from five to
(= seitsemästätoista yhdeksääntoista half past seven.
kolmeenkymmeneen t. viidestä puoli
kahdeksaan).
Lämpötila on 5°—10° (= viidestä The temperature is 5°—10°.
kymmeneen astetta).
Aleksis Kivi eli 1834—1872 Aleksis Kivi lived from 1834 to 1872.
(= vuodesta 1834 vuoteen 1872;
numbers uninflected).
Soita kello 16:n (= kuudentoista) Call me after four o'clock.
jälkeen.

The principal parts of cardinal numbers are:

yksi	*yhtä*	*yhden*	*(yhteen)*	*yksiä*
kaksi	*kahta*	*kahden*	*(kahteen)*	*kaksia*
kolme	*kolmea*	*kolmen*	*(kolmeen)*	*kolmia*
neljä	*neljää*	*neljän*	*(neljään)*	*neljiä*
viisi	*viittä*	*viiden*	*(viiteen)*	*viisiä*
kuusi	*kuutta*	*kuuden*	*(kuuteen)*	*kuusia*
seitsemän	*seitsemää*	*seitsemän*	*(seitsemään)*	*seitsemiä*
kahdeksan	*kahdeksaa*	*kahdeksan*	*(kahdeksaan)*	*kahdeksia*
yhdeksän	*yhdeksää*	*yhdeksän*	*(yhdeksään)*	*yhdeksiä*
kymmenen	*kymmentä*	*kymmenen*	*(kymmeneen)*	*kymmeniä*
sata	*sataa*	*sadan*	*(sataan)*	*satoja*
tuhat	*tuhatta*	*tuhannen*	*(tuhanteen)*	*tuhansia*
miljoona	*miljoonaa*	*miljoonan*	*(miljoonaan)*	*miljoonia*

The plural forms of cardinal numbers are needed in connection with nouns which are always used in the plural, e.g.

Minulla on vain yhdet hyvät sakset. I've only got one pair of good
scissors.
En tarvitse kaksia silmälaseja. I don't need two pairs of glasses.

Kymmen, sata, tuhat, miljoona, miljardi (1 000 000 000, Am. billion), *biljoona* (1 000 000 000 000) etc. can also be used as nouns:

Torilla oli kymmeniä, ehkä satoja ihmisiä.	There were dozens ("tens"), maybe hundreds of people in the square.

Note.

Kuusi poikaa juoksee 15 km.	Six boys run 15 km.
but: *Nämä (nuo, ne, kaikki) kuusi poikaa juoksevat 15 km.*	These (those, the, all the) boys run 15 km.

Sanasto

ala-arvoi/nen-sta-sen-sia	inferior, cheap, substandard
arvostel/la-en-i-lut (cp. *arvostelu; arvostelija*)	to criticize, review; mark, grade
+ esittä/ä esitän esitt/i-änyt (cp. *esitys*)	to present, perform; propose, suggest
+ harmi/ton-tonta-ttoman-ttomia (*harmi* annoyance, trouble; *harmittaa* to annoy)	harmless, innocent
+ häirikkö-ä häirikön häirikköjä	troublemaker, lout, boor
+ julkis/uus-uutta-uuden (cp. *julkinen* public, open)	publicity, limelight
kakko/nen-sta-sen-sia	number 2, figure 2, second
kanava-a-n kanavia	canal; channel
+ kodi/kas-kasta-kkaan-kkaita	cozy, homelike, comfortable
kuluttua (postpos. + gen.)	after (a certain time)
vuoden kuluttua	after a year
hetken kuluttua	in a moment
+ käsittä/ä käsitän käsitt/i -änyt (*käsitys* idea, notion)	to understand, realize, see
+ laki-a lain lakeja (*laki/mies* lawyer)	law
mikäli (= *sikäli kuin*)	as far as, provided that
naurettava-a-n naurettavia	ridiculous, laughable
+ nautti/a nautin nautti nauttinut (jostakin)	to enjoy, take pleasure in
+ nähtäv/yys-yyttä-yyden-yyksiä	sight, a thing worth seeing
katsella nähtävyyksiä	to go sightseeing
kierto/ajelu	sightseeing tour
paneeli/keskustelu	panel (discussion)

+ peri/aate-tta-aatteen-aatteita — principle
  periaatteessa — in principle
  periaatteesta — on principle
+ rakka/us-utta-uden-uksia — love
  rik/os-osta-oksen-oksia (cp. *rikkoa* to break) — crime
  sarja-a-n sarjoja — series, set
    sarja/ohjelma — series, serial
    sarja/kuva — comic strip, comics
  seura/ta-an-si-nnut (cp. *seuraus* result, consequence) — to follow, come next, ensue, result
+ sietä/ä siedän siet/i-änyt (jotakin t. jotakuta) — to bear, stand, tolerate
  suola-a-n suoloja — salt
  sää/tiedot/us-usta-uksen-uksia — weather report
  tieto/kilpailu-a-n-ja — quiz
+ tosikko tosikkoa tosikon tosikkoja — (one) having no sense of humor
  typerä-ä-n typeriä (cp. *tyhmä*) — silly, foolish, stupid
  tähden (postpos. + gen.) — because of; for the sake of
    minkä tähden? — why?
  vaikka(pa) — say, for instance
+ vaikutta/a vaikutan vaikutt/i -anut (johonkin t. johonkuhun) (cp. *vaikutus*) — to influence, have effect on
  viha-a-n vihoja (cp. *vihata*) — hate, hatred, anger
+ väite-ttä väitteen väitteitä (cp. *väittää*) — statement, claim, argument
+ väki/valta-a-vallan — violence, force
  yhtei/nen-stä-sen-siä — common, joint
  ykkö/nen-stä-sen-siä — number 1, figure 1, first
  Sanontoja:
  laske/a leikkiä — to joke, speak in jest, kid
  vaikka mitä (cp. *vaikka kuka, vaikka milloin* etc.) — anything, no matter what

---

☆

  biljoona-a-n biljoonia — 1 000 000 000 000
  laina-a-n lainoja — loan
  miljardi-a-n miljardeja — 1 000 000 000 , Am. billion
+ myöntä/ä myönnän myönsi myöntänyt (≠ *kieltää*) — to admit, say yes; grant
+ opinto-a opinnon opintoja (usu. pl.) — study, studies
  sakset saksia (pl.) — scissors
  taulu-a-n-ja — picture, painting; (black) board
    ilmoitus/taulu — bulletin board

PEKAN ON SAATAVA TYÖPAIKKA KESÄKSI

1. J: Henkilöstöpäällikkö Järvinen.
2. P: Hyvää päivää, täällä puhuu Pekka Pihlaja. Teillä oli lehdessä ilmoitus kesätyöpaikasta. Onkohan paikka vielä vapaa?
3. J: Toistaiseksi on. Sitä ovat kyllä monet tiedustelleet.
4. P: Ilmoituksessa puhuttiin vain nuoresta matkatoimistovirkailijasta. Mitä kaikkea hakijan on osattava?
5. J: No, tämähän on vain kesätyöpaikka, niin että me emme odota kokemusta matkatoimistotyössä. Kielitaitoa tietysti vaaditaan. Minkä ikäinen sinä olet?
6. P: Kaksikymmentä vuotta. Minä pääsin koulusta vuosi sitten, ja nyt minä luen englantia. Englannin kielellä minä tulen toimeen aika mukavasti, minä olin kouluaikana vuoden vaihto-oppilaana Yhdysvalloissa.
7. J: Kuinka sujuvasti sinä puhut ruotsia?
8. P: Minä olen kaksikielisestä perheestä, minun äitini on ruotsinkielinen.
9. J: Sitten meillä olisi osattava myös saksaa. Meillä käy melko paljon turisteja, joita on palveltava saksaksi.
10. P: Minä olen lukenut koulussa lyhyen kurssin enkä ole joutunut puhumaan saksaa, niin että se on kyllä aika heikkoa.
11. J: Kuinka sinä tulet toimeen ihmisten kanssa? Matkatoimistotyö on palveluammatti. Täällä on oltava rauhallinen ja kohtelias, vaikka asiakkaat olisivat kuinka mahdottomia, hermostua ei saa.
12. P: Siitä ei ole pelkoa, minusta on kiva olla ihmisten kanssa. Minä olen ajatellut ehkä pyrkiä matkatoimistoalalle sitten, kun valmistun. Sen vuoksi juuri olisi hyvä päästä kokeilemaan tätä työtä käytännössä.
13. J: Oletko sinä selvillä siitä, että matkatoimistoissa palkat ovat matalammat kuin joillakin muilla aloilla?
14. P: Kyllä minä olen kuullut siitä. Siitä huolimatta ala kiinnostaa minua. Minä asun vielä kotona, ja menot ovat siitä syystä pienemmät. Lisäksi minä olen kuullut, että matkatoimistoissa on hyvät mahdollisuudet matkustaa ja nähdä maailmaa, ja se kiinnostaa tietysti myös.
15. J: Tämä kesäapulaisen työkausi olisi toukokuun ensimmäisestä elokuun viimeiseen. Tai jos se tuottaa vaikeuksia, toukokuun viidennestätoista syyskuun viidenteentoista.

16. P: Minulle sopisi kyllä paremmin aloittaa vasta toukokuun viidentenätoista.
17. J: Onko sinulla minkäänlaista työkokemusta?
18. P: Olen minä ollut kesätöissä, toissa kesänä rakennustyömaalla ja viime kesänä kesäapulaisena pankissa.
19. J: Lähetä meille hakemus, jossa kerrot vähän itsestäsi, ja liitä mukaan todistuksesi, koulu- ja työtodistukset. Katsotaan sitten. Muista ilmoittaa puhelinnumerosi, jotta voimme soittaa sinulle.
20. P: Jos minä en ole kotona, voitte jättää minulle sanan, niin otan yhteyttä.
21. J: Kuulemiin, me palaamme asiaan lähipäivinä.

päästä

— pois jostakin   Milloin sinä pääset työstä?
Risto pääsee tänä keväänä koulusta
(= on käynyt koulun loppuun).
Mies pääsi pois sairaalasta (vankilasta).

— johonkin   Opiskelija pääsi kesäksi työhön.
Potilas pääsee kotiin (vanki vapauteen).
Millä bussilla pääsee asemalle?

— joksikin   Pirjo pääsi kesäapulaiseksi kirjakauppaan.

päästä — joutua
Pekka pääsi opiskelemaan (kuten halusikin), mutta Antti joutui menemään töihin (vaikka ei halunnut).

hakea — pyrkiä
hakea stipendiä, lainaa pankista, paikkaa matkatoimistoon
hakea t. pyrkiä kauppaopistoon, opiskelemaan
Pyri aina tekemään parhaasi!

todistus voi olla esim. koulutodistus, työtodistus, kielitodistus, lääkärintodistus, henkilö(llisyys)todistus

kiinnostaa — olla kiinnostunut — harrastaa

Urheilu kiinnostaa minua.	(kiinnostus voi olla
Olen kiinnostunut urheilusta.	passiivista)
Harrastan urheilua.	(kiinnostus on aktiivista)

Kielioppia

1. "on tehtävä" one has to do

minun	on tehtävä (se)	I have (got)	to do (it)
sinun		you have (got)	
hänen		he/she has (got)	
meidän		we have (got)	
teidän		you have (got)	
heidän		they have (got)	

Note that
— as with *täytyy, pitää,* the person who has to do something appears in the genitive
— the verb *olla* is always in the 3rd pers.sing.
— the main verb appears in the present participle passive (see 6:1)
— in the direct object, nominative replaces genitive

Further examples:

Pekankin on tultava mukaan.	Pekka has to come along, too.
Onko asiakkaan todella maksettava tämä lasku?	Does the customer really have to pay this bill?
Lasten oli mentävä nukkumaan.	The children had to go to bed.
Kaikkien olisi autettava heitä.	Everybody should help them.

There is no genitive if the sentence is an impersonal one:

Auto on pestävä (= pitää pestä).	The car must be washed.

2. Ordinal numbers inflected

Tänään on 6. (kuudes) joulukuuta (t. joulukuun kuudes).	Today is the sixth of December.
Lähdetkö 6. (kuudennen) päivän jälkeen vai jo ennen 6. (kuudetta) päivää?	Will you leave after the sixth or already before the sixth?
Luulen, että lähden 6. (kuudentena) päivänä.	I think I'll leave on the sixth.
Olen poissa 6. (kuudennesta) päivästä 16. (kuudenteentoista) tai 26. (kahdenteenkymmenenteen- kuudenteen) päivään.	I'll be away from the sixth to the sixteenth or the twenty-sixth.

Vuoden viimeinen päivä on sen 365.   The last day of the year is its 365th
(kolmassadas kuudeskymmenesviides   day.
t. kolmesataa kuusikymmentäviides)
päivä.

Ordinal numbers are inflected in all cases and, when modifying a noun,
agree with it in case and number like adjectives.

About the inflection or ordinals note the following points:

a) The ordinal characteristic is
    -s in the basic form: **kuude/s**
    -t- in the part.sing.:   **kuude/t/ta**
    -nte-:-nne- in the rest of the sing.   **kuude/nne/n**
    and the nom.pl.:   **kuude/nte/en**
                                   kuude/nte/na
    -nsi- in the rest of the plural: **kuude/nsi/a**
    The principal parts are, thus,
    kuudes kuudetta kuudennen kuudensia
    (See also inflection chart, App. 4:IV.)

b) In compound ordinals each part must be inflected. However, in long
    ordinals it is possible to inflect the last part only. *-toista* never changes.

c) **ensimmäinen** and **toinen** are inflected like all words ending in -**nen**.

Note.
Oulu, 12. kesäkuuta 1987 (date in official letters)
Oulu(ssa) 12.6.1987 (date in ordinary letters)

Uudessa liikkeessä annettiin pieni lahja joka 15. ostajalle.
but: *Suurempi lahja annettiin joka 100:nnelle* (no noun follows!).

Lehdessä kerrotaan Ruotsin kuninkaan Kaarle XVI (kuudennentoista)
Kustaan vierailusta Suomeen (Roman numerals in the names of rulers).

Colloquial short forms of ordinals are common: *kaks/kyt/kuudes,*
nel/kyt/kolmas etc. Note the very common *eka* ensimmäinen, *toka* toinen
(and, similarly, *vika* viimeinen).

Decimals
5,7 % (luetaan tav.) *viisi pilkku seitsemän prosenttia*

Fractions

1/3	*(yksi) kolmas/osa (kolmannes)*
3/4	*kolme neljäs/osaa (neljännestä)*
2/5	*kaksi viides/osaa (viidennestä)*
1/10	*(yksi) kymmenes/osa*
2/100	*kaksi sadas/osaa*
1 1/2	*puolitoista (= yksi ja puoli)*
2 1/2	*kaksi ja puoli*
5 2/3	*viisi ja kaksi kolmas/osaa*

3. The pronoun "itse"

The pronoun **itse** (**itseä itsen**; sing. forms are used for the pl. also) is used in two different ways.

a)

Ostin	*itselle*	*ni*	*kynän.*	I bought myself	a pen.
Ostit		*si*		You bought yourself	
Hän osti		*en, nsä*		He bought himself	
Ostimme		*mme*		We bought ourselves	
Ostitte		*nne*		You bought yourselves	
He ostivat		*en, nsä*		They bought themselves	

When used as a reflexive pronoun, to refer to the subject of the sentence, **itse** is inflected as required by the verb and followed by the possessive suffix.

Further examples:

Tunne itse/si!	Know thyself!
Tarkoittaako hän itse/ä/än?	Is he referring to himself?
Ettekö luota itse/e/nne?	Don't you trust yourself?
Emme halua puhua itse/stä/mme.	We don't want to speak about ourselves.
Ovi avautui itse/stä/än.	The door opened by itself.
Hän puhuu itse/kse/en.	He's talking to himself.

Note. The pronoun **itse** may sometimes be replaced by reflexive verbs, which are very common in Finnish (e.g. *puolustautua = puolustaa itseään*; see App. 5:III).

b)

Itse johtaja	*oli samaa mieltä.*	The manager himself was of the
Johtaja itse		same opinion.
Tapasitko	*itse professorin?*	Did you meet the professor himself?
	professorin itse/nsä?	
Toimittaja haastatteli		The reporter interviewed the winner
itse voittajaa.		himself.
voittajaa itse/ä/än.		
Kaikki riippuu meistä itse/stä/mme,		Everything depends on us, not on
ei muista.		other people.
He ilmoittivat asiasta minulle		They told about it to me personally.
itse/lle/ni.		

itse may also be used as an indefinite pronoun, to emphasize a noun (cp. *vieläpä* or *jopa johtaja* ... even the manager ...).

When **itse** precedes the noun, it is not inflected.

When **itse** comes after the noun, it is inflected and followed by a possessive suffix, except in the nominative.

Sanasto

apulai/nen-sta-sen-sia	help(er), assistant; maid
hake/mus-musta-muksen-muksia	application
hakija-a-n hakijoita	applicant
+ heikko-a heikon heikkoja	weak, feeble, poor
henkilöstö-ä-n-jä	staff, personnel, employees
hermostu/a-n-i-nut (jostakin) (cp. *hermo* nerve)	to get nervous, lose one's temper
huolimatta (jostakin)	in spite of, despite
siitä huolimatta	in spite of that
+ ilmoitta/a ilmoitan ilmoitt/i-anut (cp. *ilmoitus*)	to announce, let know; advertise
jotta	(in order) that
kiinnosta/a-n kiinnost/i-anut	to interest (somebody)
Afrikka kiinnostaa minua.	Africa interests me.
	I am interested in A.
koke/mus-musta-muksen-muksia	experience
koulu/todistus	school report

+ liittä/ä liitän liitt/i-änyt   to connect, link, associate
    liittää (mukaan, oheen)   to enclose
    liite   enclosure, appendix, supplement
    lisäksi   in addition, furthermore
+ mahdollis/uus-uutta-uuden-uuksia   possibility, chance, opportunity
    menot menoja (pl.) (≠ *tulot*)   expenses, expenditure
    oppil/as-asta-aan-aita   pupil
    palvel/la-en-i-lut   to serve
    palvelu-a-n-ja   service
+ pelko-a pelon pelkoja   fear
+ pyrki/ä pyrin pyrki-nyt (johonkin,   to try to, aim at, strive for; apply
    tekemään)   for
+ päällikkö-ä päällikön päällikköjä   head, chief, manager; boss,
    superior; leader, commander

    pääs/tä-en-i-syt (cp. *päästää* let;   to get (somewhere or away from
    let go, release)   somewhere); get a chance to do
    sthg, be admitted to; be released

    päästä kokeesta, tutkinnosta   to pass an exam
    päästä koulusta   to finish, leave school
    sujuva-a-n sujuvia   fluent
+ taito-a taidon taitoja (cp. *taitaa*)   skill, art; knowledge, command
    tiedustel/la-en-i-lut (jtk asiaa   to inquire
    joltakulta)
    toistaiseksi   for the time being; so far
    työ/todistus   work reference
+ vaike/us-utta-uden-uksia   difficulty; trouble, problem
    valmistu/a-n-i-nut (cp. *valmistaa*   to get ready, be finished; graduate,
    to make ready, prepare, make)   receive one's degree or diploma
    virkailija-a-n virkailijoita   official, clerk
    vuoksi (postpos. + gen.)   because of; for the sake of
    minkä vuoksi?   why?
+ yhte/ys-yttä-yden-yksiä   connection; contact; context

Sanontoja:
+ jättää sana (jollekulle)   to leave (somebody) a message
    lähi/päivinä   within the next few days
    olla selvillä (jostakin)   to be aware of, be informed
+ ottaa yhteyttä (johonkuhun)   to contact (somebody)
    palata asiaan   to revert to the matter
    palaamme asiaan   you'll hear from us again, we'll
    contact you later on

☆
    korja/ta-an-si-nnut   to mend, repair; correct
+ kuningas-ta kuninka/an-ita   king
    (*kuningatar* queen)
    potil/as-asta-aan-aita   patient, sick person

JOULU SUOMESSA

On tultu joulukuun puoliväliin. Päivät ovat yhä lyhyempiä ja pimeämpiä. On pieni pakkanen ja niin paljon lunta, että maisema on puhtaan valkoinen — paitsi kaupungeissa, missä lumi on kuljetettu pois kaduilta ja kaikki näyttää likaisen harmaalta. Luistinradat on avattu, hiihtoladut on tehty puistoihin ja metsiin. Joulu on lähestymässä hyvää vauhtia.

Joulukatujen tuhannet valot ja liikkeiden näyteikkunat vetävät illasta toiseen runsaasti katselijoita. "Mitähän ostaisin tänä vuonna joululahjaksi? Puu- tai muovileluja lapsille ... aikuisille pehmeitä paketteja ... tai kirjoja ... tai suklaata." Kaikki haluavat tuntea antamisen iloa. Nekin, jotka eivät hyväksy nykyistä kaupallistunutta joulua, käyttävät kuitenkin usein paljon rahaa lahjojen ostamiseen.

Kodeissa on siivottu ja leivottu. Lahjoja on suunniteltu ja tehty paljon myös itse. On kirjoitettu ja postitettu runsaasti joulukortteja ja toivotettu tuttaville ja sukulaisille hauskaa, iloista tai rauhallista joulua sekä onnellista uutta vuotta.

Millä tavalla joulua vietetään suomalaisissa kodeissa?

Nykyisin tavat vaihtelevat suuresti. Useimmat viettävät joulua kotonaan, mutta on myös sellaisia, jotka matkustavat jouluksi Lappiin tai ulkomaille. Kaupunki ja maaseutu ovat Suomessa vielä erittäin lähellä toisiaan, ja suuri osa kaupunkilaisistakin on yhä sitä mieltä, että ainoastaan maalla voi päästä todelliseen joulutunnelmaan. Useimmilla kaupunkilaisilla onkin maalla läheisiä sukulaisia. Siitä johtuu, että tuhansittain ihmisiä matkustaa jouluksi maaseudulle.

Suomessa on kaksi joulupäivää, ensimmäinen joulupäivä (25.12.) ja toinen joulupäivä eli tapaninpäivä (26.12.). Juhla alkaa kuitenkin jo jouluaattona (24.12.). Joulukuusi on usein hankittu jo pari vuorokautta aikaisemmin. Kaupungissa se ostetaan, maalla useinkin haetaan metsästä. Kuusen hankkiminen on usein miesten ja lasten, kuusen koristaminen lasten tehtävä.

Maalla on tapana käydä iltapäivällä saunassa. Saunan jälkeen seuraa jouluateria: kinkkua (tai joskus kalkkunaa), erilaisia laatikkoruokia sekä riisipuuroa. Puuroon on pantu yksi manteli, joka tuo saajalleen onnea koko seuraavaksi vuodeksi. Aterian jälkeen lauletaan usein joululauluja — tai seurataan television jouluohjelmaa. Sitten joulupukki saapuu Lapista tuomaan lahjoja lapsille ja vanhemmille, suurille ja pienille. Kaikkein pienimmät pelkäävät häntä hiukan, kunnes ovat avanneet ensimmäiset lahjapakettinsa. Ja kun kaikki ovat saaneet lahjansa, lasten on mentävä nukkumaan, vaikka se on vielä vaikeampaa kuin muulloin.

Joulu on tullut. Sipoon keskiaikainen kirkko juhlavalaistuksessa.

Jouluaamuna aikaisin monet menevät jumalanpalvelukseen, jonne
ennen vanhaan ajettiin hevosella läpi lumisten metsien. Nykyisin moni
jää kotiinkin katsomaan television joulukirkkoa. Joulupäivä vietetään
tavallisimmin kotona tai käydään isovanhempien tai muiden lähisuku-
laisten luona, tapaninpäivänä vieraillaan ja huvitellaan. Joulu on
valon juhla: vaikka ulkona on vuoden pimein aika, sisällä kodeissa
on valoisaa ja lämmintä. Lapsilla on joululoma, ja he hiihtävät ja
luistelevat kaiket päivät, jos vain on tarpeeksi lunta.

Uusivuosi on iloinen juhla, varsinkin uudenvuoden aatto. Kohta
uudenvuoden jälkeen koulujen joululoma loppuu. Kun kuivunut
joulukuusikin viedään ulos, joulu on taas mennyt.

viikon (kuun, vuoden, vuosisadan) alussa t. lopussa, puolivälissä, alku- t. loppupuolella

päivästä toiseen t. **päivästä päivään**; maasta maahan

johtua
Mistä johtuu, että olet niin pahalla tuulella?
Se johtuu **siitä, että** päätäni särkee.

Juhlaan saapui kymmeniä t. kymmenittäin (satoja t. sadoittain, tuhansia t. tuhansittain) ihmisiä.

"before" — "until"
Palaan **ennen** iltaa (preposition).
Palaan, **ennen kuin** tulee pimeä (beginning a clause).
Olen työssä ilt**aan saakka** (= asti).
Olen työssä, **kunnes** olen saanut työni valmiiksi.

"to begin, start" — "to stop, end"
työ **alkaa** ≠ **loppuu** t. **lakkaa**
aloitamme ≠ **lopetamme työn**
alamme tehdä työtä ≠ **lakkaamme tekemästä** työtä
(mutta: käynnistämme auton, moottorin)

moni, muutama, harva = **monet, muutamat, harvat**
Monen (monien) mielestä asia on sillä tavalla, että ...
Suomessa harva ymmärtää (harvat ymmärtävät) venäjää.
Matka kesti muutaman tunnin (muutamia tunteja).

Kielioppia

1. More passive forms (perfect, pluperfect)

The passive present was discussed in 4:2 and the past in 5:1.

	Perfect			Pluperfect	
(teh/dään)	*Työ on teh/ty.*	The work has been done.	*Työ oli teh/ty.*	The work had been done.	
(lue/taan)	*Kirjat on lue/ttu.*	The books have been read.	*Kirjat oli lue/ttu.*	The books had been read.	

| Negative: | Työtä ei ole tehty. Kirjoja ei ole luettu. | The work has not been done. The books have not been read. | Työtä ei ollut tehty. Kirjoja ei ollut luettu. | The work had not been done. The books had not been read. |
| Question: | Onko työ tehty? Eikö kirjoja ole luettu? | Has the work been done? Haven't the books been read? | Oliko työ tehty? Eikö kirjoja ollut luettu? | Had the work been done? Hadn't the books been read? |

Colloquially, the passive perfect and pluperfect, like the other passive forms, are used to replace the 1st pers. pl.: *me on tehty* olemme tehneet, *me oli luettu* olimme lukeneet. Note that in these colloquial forms even the auxiliary *olla* is frequently in the passive: *me ollaan tehty, me ei olla tehty; me oltiin luettu, me ei oltu luettu.*

Note. The past participle passive is also a verbal adjective (participle), e.g. *tehty työ* (see 6:1), which behaves just like any other adjective, for instance, as a complement of the verb *olla.* Compare these sentences:

Passive perfect
("mitä on tapahtunut?")
Perunat on keitetty.
The potatoes have been boiled.

Kirje on kirjoitettu koneella.
The letter has been typed.

Verbal adjective
("millainen ... on?")
Perunat ovat keitettyjä
(cp. ... *ovat hyviä*). The potatoes are boiled (ones).
Kirje ei ole koneella kirjoitettu.
The letter is not a typed one.

2. "tekeminen" — how to make verbal nouns

Matkusta/minen on hauskaa.
(= *On hauskaa matkustaa.*)
Hermostumi/nen ja pelkää/minen eivät nyt auta.
Suurkaupungeissa asu/minen on kallista.
Onko kielten oppi/minen helppoa?

Traveling is fun.
(It is fun to travel.)
Getting nervous and being afraid do not help now.
Living in large cities is expensive.
Is (the) learning (of) languages easy?

From every verb it is possible to form a verbal noun which has the same meaning as the basic form of the verb.

Structure:
(pelätä, pelkää/vät)   pelkää + minen
(tehdä, teke/vät)   teke   + minen

This verbal noun is inflected in all cases like all other words ending in **-nen**. Examples of different cases:

Poliisi aloitti tapauksen tutkimisen.	The police started investigating the case.
Rakastan lukemista.	I love reading.
Harrastan kutomista, mutta en välitä ompelemisesta.	I'm interested in knitting but I don't care for sewing.

Note. *tekeminen* can be synonymous with *tehtävä* (see 6:1), e.g.

Meillä ei ole mitään	*tekemistä.*	We've got nothing to do.
	tehtävää.	

Note also: There are many other suffixes which can be used to derive names of action from different types of verbs. Examples:

-o, -ö	*pelko* "pelkääminen", *ajo, huuto, meno, lepo, lähtö*
-u, -y	*juoksu* "juokseminen", *itku, nauru, pesu, kävely*
-nti	*syönti* "syöminen", *juonti, myynti, tuonti, vienti*
-nta, -ntä	*valinta* "valitseminen", *harkinta, ruokinta, häirintä, kukinta*
-us, -ys	*vastaus* "vastaaminen", *kalastus, aikomus, väsymys*

(For further examples see App. 5.)

3. Indefinite pronouns "joku" and "jokin"

Principal parts:

joku jotakuta jonkun joitakuita some, somebody, someone
jokin jotakin (jotain) jonkin joitakin some, something (somebody, someone).
(See also declension chart in App. 4:II.)

The basic rule that *joku* refers to persons and *jokin* to non-persons applies particularly to the short (2-syllable) forms of *joku* and the corresponding forms of *jokin*:

Joku lähestyi pimeässä, mutta kuka?	Somebody was approaching in the dark, but who?
Jokin lähestyi pimeässä, mutta mikä?	Something was approaching in the dark, but what?
Liisa jutteli jonkun kanssa / jonkun tytön kanssa.	Liisa chatted with somebody / with some girl.
Haluaisin lainata jonkin näistä kirjoista.	I'd like to borrow one of these books.
Jotkut ovat allergisia mansikoille.	Some (people) are allergic to strawberries.

However, the long (4-syllable) forms of *joku,* which are felt to be clumsy and awkward, are mostly replaced by the corresponding forms of *jokin*:

Kuuluuko tämä sateenvarjo jollekin (jollekulle) teistä?	Does this umbrella belong to someone of you?
Onko jollakin (jollakulla) vielä kysyttävää?	Does someone still have something to ask?
Joidenkin (ihmisten) kanssa on vaikea tulla toimeen.	It's difficult to get along with some people.

The long forms of *joku* are generally used in dictionaries and textbooks to show the case used with a verb or and adjective:

Kertoa jotakin jollekulle.	To tell something to someone.
Tutustua johonkuhun tai johonkin.	To get acquainted with somebody or something.

On the other hand, the nom.pl. form *jotkin* is often replaced by *jotkut* (or *muutamat*):

Jotkut (muutamat) eläimet ovat muita älykkäämpiä.	Some animals are more intelligent than others.

Note the local adverbs derived from *jokin: jossa(k)in* somewhere, *josta(k)in* from somewhere, *johonkin (jonnekin)* to some place.

Note also: Both *joku* and *jokin* may mean "a few":

Meillä oli kiire, vaihdoimme vain jonkin (jonkun) sanan.	We were in a hurry, we just exchanged a few words.

(What has been said here about *joku* and *jokin* should mainly serve the student as general guidelines. It is not possible to give absolute rules about these pronouns, as the usage varies a great deal.)

Sanasto

ainoastaan (adj. *ainoa*)	only
ateria-a-n aterioita	meal
ava/ta-an-si-nnut (≠ *sulkea*)	to open
eli (cp. *tai, vai*)	or, that is, in other words (used
Turku eli ruotsiksi Åbo	between synonyms or things meaning the same)
+ hankki/a hankin hankki-nut	to get, obtain, procure
hiukan (= *vähän, pikkuisen*)	a little, slightly, somewhat
+ huvitel/la huvittel/en-i huvitellut (*huvi* pleasure)	to amuse oneself, go out
hyväksy/ä-n-i-nyt	to approve, accept
+ johtu/a (johdun) johtu/i-nut (jostakin)	to be due to; ensue, follow from
mistä johtuu, että ...	why is it that ...
+ joulu/pukki-a-pukin-pukkeja	Santa Claus, Father Christmas
jumala-a-n jumalia	god
kalkkuna-a-n kalkkunoita	turkey
kaupallistu/a-n-i-nut (*kaupallinen* commercial)	to be(come) commercialized
korista/a-n korist/i-anut	to decorate
kuivu/a-n-i-nut (*kuiva* dry)	to dry (up), become dry
+ kuljetta/a kuljetan kuljett/i-anut (cp. *kuljetus*)	to transport, take, move, drive
kunnes (cp. *saakka, asti*)	until (when beginning a clause)
kuusi kuusta kuusen kuusia	spruce, fir
+ laatikko(ruoka)	casserole
lelu-a-n-ja	toy
+ loppu/a (lopun) loppu/i-nut (≠ *alkaa*)	to end, come to an end, cease
luistel/la-en-i-lut	to skate
luistin-ta luistim/en-ia	skate
luistin/rata	skating-rink
lähei/nen-stä-sen-siä	near(-by), close, intimate
lähesty/ä-n-i-nyt	to approach, come nearer
läpi (postpos. + gen.)	through
+ maa/seutu-a-seudun	countryside, the provinces
manteli-a-n manteleita	almond
muovi-a-n muoveja	plastic(s)
muulloin	at another time, at other times
nykyi/nen-stä-sen-siä	present, current
näyte/ikkuna	show window
palvel/us-usta-uksen-uksia	service, duty, employment

pehmeä-(t)ä-n pehmeitä (≠ *kova*)	soft
+ postitta/a postitan postitt/i-anut	to mail
+ puhdas-ta puhtaan puhtaita	clean, pure, clear
puoli/väli-ä-n-välejä	middle, center; halfway
riisi-ä-n	rice
runsaasti (adj. *runsas*)	plenty of, in plenty, a lot
sekä (= *ja*)	and, as well
tapanin/päivä	St. Stephen's Day, Boxing Day
todelli/nen-sta-sen-sia	real, actual; true, genuine
+ toivotta/a toivotan toivott/i-anut	to (express a) wish
(cp. *toivoa*)	
tuhansittain	thousands of, by the thousand
tunnelma-a-n tunnelmia	atmosphere, mood, spirit
+ vauhti-a vauhdin vauhteja	speed, pace
+ vetä/ä vedän veti vetänyt	to pull, draw
(≠ *työntää*)	
+ vuoro/kausi-kautta-kauden-kausia	
(abbr. *vrk*)	day (and night), 24 hours
yhä	still; more and more
ylei/nen-stä-sen-siä	general, public, common

☆	
+ kääntä/ä käännän käänsi	to turn; translate
kääntänyt	
+ ommel/la ompele/n-i ommellut	to sew

71

PIENI ELÄMÄKERTA

Paavo Laine kertoo isästään.

Isäni Väinö Juhani Laine syntyi Kotkassa maaliskuun kolmantena päivänä 1916 suuren perheen neljäntenä lapsena. Koti ei ollut varakas — hänen isänsä oli satamatyöläinen — mutta suhteet lasten ja vanhempien välillä olivat läheiset ja lämpimät. Useimmat perheen lapsista olivat lahjakkaita ja pääsivät pitkälle elämässään.

Isäni aloitti koulunkäyntinsä 7-vuotiaana. Hän oli älykäs poika, joka kävi koulua mielellään ja sai hyviä arvosanoja, varsinkin teoreettisissa aineissa. Myöhemmin hän innostui myös urheiluun ja osallistui kilpailuihinkin, vaikka ei koskaan voittanut ensimmäisiä palkintoja. Koska hän oli luonteeltaan iloinen ja seurallinen, hän oli erittäin suosittu toveripiirissä.

Jo koulussa historia oli hänen lempiaineitaan, ja kun hän pääsi ylioppilaaksi v. 1935, hän ryhtyi lukemaan yleistä historiaa pääaineenaan. Hän osallistui myös monella tavalla ylioppilaselämään. Koska perheen tulot eivät riittäneet lasten opintomaksuihin, poika oli kaiket kesät työssä ansaitsemassa itselleen opiskelurahoja seuraavaksi lukuvuodeksi, ja joinakin vuosina hän joutui olemaan osapäivätyössä talvellakin.

Isäni menestyi opinnoissaan hyvin. Kun hän valmistui maisteriksi v. 1939, samana vuonna, jona toinen maailmansota syttyi, häntä pidettiin jo lupaavana nuorena tiedemiehenä. Kohta sen jälkeen, kun hän oli suorittanut tutkintonsa, hän meni naimisiin äitini kanssa. Tämä oli silloin opiskellut Taideakatemiassa pari vuotta ja aikoi taiteilijaksi.

Sota muutti kuitenkin vanhempieni suunnitelmat. Isä joutui rintamalle moneksi vuodeksi. Sisareni ja minä synnyimme sodan aikana, ja äidin oli pakko jättää opintonsa kesken. Onneksi isäni palasi elävänä sodasta, ja perhe-elämä muuttui vähitellen normaaliksi. Kolme vuotta myöhemmin hänestä tuli filosofian tohtori ja perhe muutti Turkuun, jossa isäni toimi professorina koko lopun ikänsä.

Isä kuoli meidän suureksi suruksemme v. 1961, vain 45-vuotiaana. Hänen terveytensä oli ollut heikko sodasta lähtien, mutta hän olisi voinut elää paljon kauemmin, jos hän olisi säästänyt itseään. Hän oli kuitenkin ennen kaikkea tiedemies, joka jatkoi työtään vielä silloinkin, kun hänen sairautensa oli muuttunut todella vakavaksi. Häntä pidetään vielä tänäkin päivänä erikoisalansa parhaana asiantuntijana maassamme.

ruveta — ryhtyä — alkaa
rupean t. ryhdyn opiskele**maan**; alan opiskel**la**

"student"
— ennen yliopisto- ja muita itsenäisiä opintoja: **oppilas, koululainen**
Tapio on koululainen. Hän on tämän koulun oppilas.
Nuori pianisti on prof. Lehdon oppilas.
— sen jälkeen: **opiskelija**
yliopiston t. korkeakoulun opiskelija, taideopiskelija, iltaopiskelija

"go to school"
— **käydä koulua** (ennen yliopisto- tai muita itsenäisiä opintoja)
— **opiskella** t. **lukea** yliopistossa

ylioppilas
1. henkilö, joka on suorittanut ylioppilastutkinnon, "päässyt yli-
oppilaaksi"
2. korkeakoulun opiskelija, joka ei ole vielä suorittanut loppututkin-
toa, "ei ole valmis" (undergraduate)

valmistaa — valmistua
Sibelius-Akatemia valmistaa (= tuottaa, kouluttaa) musiikinopettajia.
Kirsti valmistuu (= tulee valmiiksi) musiikinopettajaksi ensi vuonna.

"examination, test"
koululaisella oli eilen matematiikan **koe** t. **kokeet**
korkeakoulun valintakoe; psykologinen koe **(testi)**
akateeminen loppu**tutkinto**
opiskelijalla on toukokuussa monta **tenttiä (kuulustelua)**

Matti tapasi Leenan. **Tämä** tuli kirjastosta. ("hän" olisi epäselvä!)

"work as"
Riitta **on** hammaslääkäri**nä** Kuopiossa.
Tapani **toimi** useita vuosia sanomalehtimiehe**nä** Rovaniemellä.

Kielioppia

1. The essive case

Mikko on yleensä terve, mutta nyt hän on sairaa/na.	Mikko is generally a healthy boy, but now he is ill.
Mitä Satu tekee?	What does Satu do?
Hän on opettaja.	She is a teacher.
Hän on hyvä opettaja.	She is a good teacher.
Hän on opettaja/na Kemissä.	She works as a teacher in Kemi.

The essive case denotes a state or condition (*sairaa/na*) or a capacity (*opettaja/na*). (About the structure of the essive see FfF 1, 38:2.)

When connected with the verb *olla,* the essive is used instead of the basic form when the state or capacity is (or can be thought of as) temporary, subject to change. (Satu is a teacher by profession, permanently; on the other hand, she can become a teacher elsewhere.)

Examples with other verbs:

He elivät onnellisi/na uudessa kodissaan.	They lived happily in their new home.
Seiso suora/na!	Stand straight!
Olemme pysyneet tervei/nä.	We have been in good health.
Pitäkää kahvi kuuma/na!	Keep the coffee hot!

The essive case corresponds to the English "as somebody or something":

Lapse/na Pekka oli heikko.	As a child, Pekka was weak.
Millainen näyttelijä Eränkö on ihmise/nä?	How is E., the actor, as a person?
Veljeni toimii lääkäri/nä Kajaanissa.	My brother works as a doctor in Kajaani.
Kaikki pitivät Päiviä lahjakkaa/na tyttö/nä.	Everybody regarded Päivi as a bright girl.

The essive may replace an entire clause: *lapsena* "kun hän oli lapsi".
Further examples:

Mitä sinusta tulee iso/na (kun olet iso)?	What are you going to be when you grow up?
Talo myytiin puolivalmii/na (kun se oli puolivalmis).	The house was sold half-finished.

Eurooppalaisi/na (koska olemme
eurooppalaisia) emme aina ymmärrä
muiden maanosien ongelmia.
Sinu/na (jos olisin sinä) en uskoisi
heitä.

Being Europeans, we do not always
understand the problems of the
other continents.
If I were you, I wouldn't believe
them.

Note 1. The essive refers to the subject or the direct object of the sentence
(see the previous examples). The rule also applies to the subjects of "have"
and "täytyy" structures:

Vanhempi/na meillä on suuri
vastuu.
Suomen kielen opiskelija/na minun
pitää käyttää tätä kieltä mahdolli-
simman paljon.

As parents, we have a great
responsibility.
As a student of the Finnish
language, I must use the language as
much as possible.

Note 2. *vihaisena* or *vihaisesti*?
Compare the two sentences:

Ministeri vastasi väsy- *neenä toimittajien* *kysymyksiin.*	*(Millainen ministeri oli?* *Väsynyt.)*	The Minister, who was tired, answered the questions of the reporters.
Hän vastasi kysymyk- *siin lyhyesti.*	*(Millä tavalla hän* *vastasi? Lyhyesti.)*	He answered the questions briefly.

Essive in expressions of time

In expressions of time, the essive denotes specific time during which an
action takes place. It is especially used
— with names of annual festivals and the days of the week:

joulu/na   at Christmas
vappu/na   on the first of May
sunnuntai/na   on Sunday

— often when a noun denoting indefinite time is defined more closely
   by modifying words:

erää/nä päivä/nä   one day   (cp. *päivällä*)
erää/nä kylmä/nä päivä/nä   one cold day
tammikuun kolmante/na päivä/nä   on January 2
ensi syksy/nä   next autumn   (cp. *syksyllä*)
vuon/na (= vuote/na) 1939   in the year 1939

However, *tällä (ensi, viime) viikolla* this (next, last) week; *tässä (ensi,*
viime) kuussa this (next, last) month.

2. The translative case

About the basic meaning and structure of the translative review FfF 1, 39:2. Further examples:

Tulkaa onnellisi/ksi!	We hope you'll be happy.
John Vikström nimitettiin arkkipiispa/ksi 1982.	John Vikström was appointed archbishop in 1982.
Nämä nuoret aikovat valmistua keväällä insinöörei/ksi.	These young people intend to get their degree in engineering in the spring.
Ilma on käynyt kylmä/ksi.	The weather has turned cold.
Liikennevalot vaihtuivat vihrei/ksi.	The traffic lights changed to green.
Uutinen teki minut iloise/ksi.	The news made me happy.
Saitteko työn jo valmii/ksi?	Did you get your work done?

Also:

Kuka jää lapsenvahdi/ksi, jos menemme ulos?	Who will stay home and babysit if we go out?

When followed by a possessive suffix, the translative ending is **-kse-**:

Maisteri Leivo tuli historian opettaja/kse/mme vuosi sitten.	Mr. L. (M.A.) became our history teacher a year ago.

With *tulla* and certain other verbs, a parallel construction may replace the translative, esp. when speaking about the final stage of change:

Tytöstä tuli taiteilija.	The girl became an artist.
Ollista on kehittynyt hyvä puhuja.	Olli has developed into a good speaker.

The translative may also express purpose:

Mitä ostatte lapsille joululahja/ksi?	What will you buy the children as Christmas presents?
Tämä kurssi järjestetään oppaiden kouluttamise/ksi.	This course is arranged to provide training for guides.

Other examples of the idiomatic usage of the translative:

Onne/ksi voin peruuttaa matkan.	Fortunately I'll be able to cancel the trip.
Ilo/kse/ni (suru/kse/ni, hämmästykse/kse/ni) hän suostui.	To my joy (sorrow, surprise) he consented.
Hän sanoi jotakin latina/ksi (= latinan kielellä).	He said something in Latin.
Ensimmäise/ksi, toise/ksi, kolmanne/ksi, viimeise/ksi; alu/ksi, lopu/ksi.	First, secondly, thirdly, last; to begin with, finally.
Turku on maan kolmanne/ksi suurin kaupunki.	Turku is the third largest city in the country.

Translative in expressions of time

The translative denotes the point or period or time for which an action is planned:

Tulimme tänne viiko/ksi.	We came here for a week.
Tilasin ajan hammaslääkäriltä kymmene/ksi.	I made an appointment with my dentist for ten o'clock.

Note.

Perhe tuli (matkusti, muutti) Raumalle vuode/ksi.	The family came (went, moved) to Rauma for a year.
Potilas jäi sairaalaan viide/ksi päivä/ksi.	The patient remained at hospital for five days.

but:

Perhe oli (asui, viipyi, oleskeli, pysyi) Raumalla vuoden (kaksi vuotta).	The family stayed at Rauma for a year (two years).

Sanasto

aine-tta-en-ita (= *oppi/aine*)	(myös:) subject (of study)
ansai/ta-tsen-tsi-nnut (cp. *ansio* earning; merit)	to earn, make money; merit, be worth
arvo/sana	mark, grade
asian/tuntija-a-n-tuntijoita	specialist, expert
+ elämä/kerta-a-kerran-kertoja	biography, life story
historia-a-n	history
innostu/a-n-i-nut (johonkin t. jostakin) (cp. *innostus*)	to be(come) enthusiastic
kesken	unfinished; in the middle of; among
+ käynti-ä käynnin käyntejä	walk, going, motion; running, operation; visit

+ koulun/käynti — school attendance
+ lahja/kas-kasta-kkaan-kkaita — gifted, talented, bright
  (cp. *lahja*) (≠ *lahjaton*)
  lempi- (*lempi* = *rakkaus*) — favorite, pet
+ luku/vuosi-vuotta-vuoden-vuosia — academic year, school year
  (cp. *luku/kausi* term)
  lupaava-a-n lupaavia — promising
+ luva/ta lupaan lupasi luvannut — to promise
  (cp. *lupaus*)
  maksu-a-n-ja — payment, charge, fee
  osallistu/a-n-i-nut (johonkin) — to participate, take part
  (= *ottaa osaa johonkin*)
+ palkinto-a palkinnon palkintoja — prize
  (cp. *palkka*)
  piiri-ä-n piirejä — circle, ring; group
+ pitä/ä (jonakin) — to regard (as something), consider
  pidän sitä hyvänä ideana — I think it is a good idea
  pää/aine — main subject, major
  rintama-a-n rintamia — (battle) front
+ ryhty/ä ryhdyn ryhty/i-nyt — to start, set about, proceed, set to
  (johonkin, tekemään)
+ saira/us-utta-uden-uksia — illness, sickness, disease
+ suoritta/a suoritan suoritt/i-anut — to perform, do; pass, undergo
  suru-a-n-ja (≠ *ilo*) — sorrow, grief
  suunnitelma-a-n suunnitelmia — plan
+ sytty/ä sytyn sytty/i-nyt — to catch fire; light up; break out
  (≠ *sammua*)
  säästä/ä-n sääst/i-änyt — to save, economize; spare
  taiteilija-a-n taiteilijoita — artist
+ tiede-ttä tieteen tieteitä — science
  tiede/mies — scientist, scholar
  tulo-a-n-ja (usu. pl.) — income; revenue
+ tutkinto-a tutkinnon tutkintoja — examination
  työläi/nen-stä-sen-siä — worker
+ vara/kas-kasta-kkaan-kkaita — wealthy, well-to-do
  (cp. *varat*) (≠ *varaton*)
  yli/oppil/as-asta-aan-aita — (college) student, undergraduate
+ äly/käs-kästä-kkään-kkäitä — intelligent, clever, bright
  (cp. *äly* intelligence)

Sanontoja:
+ jättää kesken — to leave unfinished
  päästä ylioppilaaksi (= *suorittaa* — to pass matriculation examination,
  ylioppilastutkinto) — graduate from secondary school

+ kehitty/ä kehityn kehitty/i-nyt (joksikin) (cp. *kehitys*)	to develop, evolve, become
lukio-ta-n-ita	higher secondary school, senior high school
oleskel/la-en-i-lut	to stay, sojourn, live
perus/koulu-a-n	comprehensive school
+ viipy/ä viivyn viipy/i-nyt (jossakin)	to be delayed, linger; stay, remain

HAASTATTELEMME SUOMESSA ASUVIA ULKOMAALAISIA

Kysymykset:
a) Haastateltavan nimi, maa ja maanosa
b) Taustatietoja
c) Kuinka kauan aiot vielä oleskella Suomessa?
d) Kuinka olet mielestäsi sopeutunut suomalaiseen elämäntapaan?
e) Mitä ongelmia sinulla on ollut? Mikä on ollut vaikeinta?
f) Mikä sinusta on ollut myönteisintä?
g) Millainen suomen kielen taito sinulla on?
h) Kenen kanssa seurustelet eniten?
i) Oletko vieraillut suomalaisissa kodeissa?
j) Mitä kieltä käytät, kun tapaat suomalaisia?
k) Mitä teet Suomessa vapaa-aikanasi?

Festo Bahendwa   Anne Thwaite   Sara Lepisto
Ali Husseini   Nicholas Mayow

a)	Festo Bahendwa, Tansania Afrikka	Anne Thwaite Australia	Sara Lepisto, Yhdysvallat Amerikka
b)	Kahdeksan kuukautta Suomessa viettänyt Festo on syntynyt Luoteis-Tansaniassa lähellä Viktorian järveä. Tämä jatko-opintoja harjoittava luterilainen pappi on ollut kirkkonsa palveluksessa jo 20 vuotta. Hänellä on kotimaassa vaimo sekä yksi työssä oleva ja kuusi koulua käyvää lasta.	Sydneystä kotoisin oleva Anne on vanhin kolmesta sisaruksesta. Tämä kotimaassaan englantia ja kielitiedettä lukenut opiskelija on ollut jo kerran ennen stipendiaattina Suomessa. V. 1984 suoritetun loppututkinnon jälkeen hän sai taas stipendin Helsinkiin.	Puoliksi suomalaista syntyperää oleva Sara opiskelee Helsingin yliopistossa suomea ja ranskaa. Hän asuu samassa asuntolassa kuin hänen täällä opiskellut isänsä aikoinaan. Aikaisemmin Hämeenlinnassa käyty suomen kesäkurssi innosti häntä tulemaan yhdeksi lukuvuodeksi Helsinkiin.
c)	Kolme vuotta.	Olen hakenut jatkostipendiä yhdeksi lukukaudeksi.	Puoli vuotta.
d)	Hyvin.	Hyvin.	Erittäin hyvin.
e)	Kieli on ollut vaikea. Toinen ongelma on se, että jotkut suomalaiset suhtautuvat epäluuloisesti mustiin ihmisiin.	Liian paljon ohjelmaa, en ole ehtinyt tarpeeksi opiskella. — Minulla on paljon ystäviä, mutta yleensä suomalaiset ovat ujoja, heihin ei ole helppo tutustua.	Alussa kieli. Suomenkieliset opinto-oppaat ja -ohjelmat olivat vaikeita ymmärtää. Epätietoisuus opiskelusysteemistä on ehkä ollut vaikein ongelma.
f)	Suomalaiset ovat ystävällisiä. He eivät ole rasisteja, mutta he tietävät hyvin vähän Afrikasta.	Sauna, ihmiset (varsinkin naiset), luonto, hiljaisuus, pulla, kahvi, lumi, terveellinen elämäntapa.	Suomalaisten ystävällisyys. He ovat näyttäneet minulle Suomea, opettaneet uusia harrastuksia ja aitoa puhekieltä.
g)	En voi seurata kunnolla luentoja enkä ilmaista ajatuksiani. En puhu suomea usein, koska asun yksin ja luen englanninkielisiä kurssikirjoja.	En osaa itse sanoa.	Nyt (puolen vuoden jälkeen) melko hyvä. Tulen kyllä toimeen tavallisessa keskustelussa.
h)	Enimmäkseen suomalaisten kanssa.	Muiden ulkomaalaisten ja suomalaisten kanssa.	Suomalaisten ja täällä olevien ulkomaalaisten kanssa.
i)	Olen usein.	Olen usein.	Olen usein.
j)	Suomea.	Suomea.	Suomea.
k)	Juoksen, pelaan lentopalloa, käyn ystävien luona. Joskus menen ystäväni kanssa maalle.	Menen kylään tai ulos ystävien kanssa. Talvella hiihdin tai kävin pilkkimässä. Kävelen metsässä, uin ja pyöräilen. Harrastan aerobic- ja jazz-tanssia. Olen matkustanut aika paljon ympäri Suomea, mm. Lapissa.	Kävelen ympäri Helsinkiä. Kirjoitan kotimaahan (meitä on vanhemmat ja kuusi sisarusta). Opettelen uusia käsityötapoja. Leivon pullaa. Tapaan ystäviäni. Katson englanninkielisiä tv-ohjelmia (suomenkielisistä teksteistä oppii sanastoa!).

a)	Ali Husseini, Iran Aasia	Nicholas Mayow, Englanti Eurooppa
b)	Teheranissa koulunsa käyneellä ja aikaisemmin Italiassa opiskelleella Alilla on aikomus ruveta lukemaan kemiaa Helsingin yliopistossa. Muutamien viikkojen kuluttua suoritettava valintakoe ratkaisee, pääseekö hän aloittamaan opiskelun jo syksyllä.	Kaksi vuotta sitten Suomeen muuttaneen Nicholasin vaimo on suomalainen, ja heillä on 2-vuotias lapsi. Nicholas on työssä arkkitehtitoimistossa ja hänen vaimonsa kirjastossa. Heillä on työssä käyvien vanhempien tyypilliset ongelmat, kuten perhe-elämälle jäävän ajan lyhyys.
c)	Jos pääsen yliopistoon, vähintään 5 vuotta.	En osaa sanoa.
d)	Hyvin.	Tyydyttävästi.
e)	Kielen oppiminen on ollut vaikeaa, koska suomi on hyvin erilainen kieli.	Byrokratia. Jokapäiväisen elämän monet erot kotimaan ja Suomen välillä.
f)	Helsingin yliopiston suomen kielen kurssit, jotka ovat halvatkin, kun kaikki muu on kallista.	Paljon liikkumatilaa ja vähän ihmisiä, ilmasto, ulkoilmaelämä varsinkin kesällä.
g)	Olen osallistunut useihin suomen kielen kursseihin ja tulen mielestäni toimeen suomen kielellä aika hyvin.	Kieliopillisesti aika huono, mutta ymmärtäminen paranee koko ajan.
h)	Muiden ulkomaalaisten ja suomalaisten kanssa.	Enimmäkseen suomalaisten kanssa.
i)	Olen muutamia kertoja.	Olen usein.
j)	Suomea.	Nyt suomea, ennen englantia.
k)	Luen mieluimmin kurssikirjoja. Minullahan on kesäkuussa valintakoe.	Tapaan ystäviäni ja ulkoilen. Minulla on hyvin vähän vapaa-aikaa.

Yliopistossa voi opiskella humanistisia tieteitä, luonnontieteitä, matematiikkaa, lääketiedettä, oikeustiedettä, valtiotiedettä, metsätiedettä, teologiaa jne.

Teknillisestä korkeakoulusta valmistuu insinöörejä ja arkkitehteja.

Kauppakorkeakoulusta valmistuu ekonomeja.

matematiikka	matemaattinen	matemaatikko
filosofia	filosofinen	filosofi
psykologia	psykologinen	psykologi
kemia	kemiallinen	kemisti
tiede	tieteellinen	tiedemies, -nainen, tutkija
taide	taiteellinen	taiteilija

Pää- ja väli-ilmansuunnat

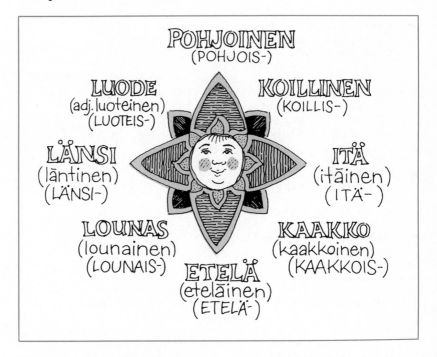

POHJOINEN
(POHJOIS-)

LUODE
(adj. luoteinen)
(LUOTEIS-)

KOILLINEN
(KOILLIS-)

LÄNSI
(läntinen)
(LÄNSI-)

ITÄ
(itäinen)
(ITÄ-)

LOUNAS
(lounainen)
(LOUNAIS-)

KAAKKO
(kaakkoinen)
(KAAKKOIS-)

ETELÄ
(eteläinen)
(ETELÄ-)

ympärillä — ympäri
Tuolit ovat **pöydän ympärillä.**
Lehtimies matkusti **maailman ympäri** muutamassa päivässä.
Turisti matkusti **ympäri Suomea** (= joka puolella, kaikkialla).

ympyrä

minkä muotoinen ympyrä on?
pyöreä

83

Kielioppia

1. Participles as substitutes for relative clauses

(Review 1:1 about the present and past participle active and 6:1 about the present and past participle passive.)

Putoava lehti actually means the same as the longer expression "lehti, joka putoaa"; similarly, *pudonnut lehti* means "lehti, joka putosi t. on pudonnut t. oli pudonnut" (cp. the English *a falling leaf* "a leaf which falls, is falling", *a fallen leaf* "a leaf that fell, has fallen, had fallen").

It is very common in written Finnish to eliminate clauses by means of participles. Study the following examples carefully. Note how the word-order changes when the participles are used.

a)

Kuvassa on poika, joka hymyilee [iloisesti].	*Kuvassa on [iloisesti] hymyilevä poika.* There is a happily smiling boy in the picture.
Näet myös tytön, joka seisoo [puun alla].	*Näet myös [puun alla] seisovan tytön.* You can also see a girl who is standing under a tree.
Keskellä on kaksi naista, jotka istuvat [sohvalla].	*Keskellä on kaksi [sohvalla] istuvaa naista.* In the middle there are two women sitting in the sofa.
Oikealla on miehiä, jotka pelaavat [jalkapalloa].	*Oikealla on [jalkapalloa] pelaavia miehiä.* On the right, there are men playing football.

b)

Tässä on lehti, joka putosi [puusta tuulisena syyspäivänä].

Tässä on [tuulisena syyspäivänä puusta] pudonnut lehti.
Here is a leaf fallen off the tree on a windy autumn day.
Tässä on monta [tuulisena päivänä puusta] pudonnutta lehteä.
Tässä on paljon [tuulisena päivänä puusta] pudonneita lehtiä.

c)

Kirje, joka kirjoitetaan [suomeksi].

Näen pöydällä laskun, joka pitää maksaa [tänään].

Korissa on vaatteita, jotka on pestävä [+40°:ssa].

[Suomeksi] kirjoitettava kirje.
A letter which will be written in Finnish.
Näen pöydällä [tänään] maksettavan laskun.
I see on the table a bill which must be paid today.
Korissa on [+40°:ssa] pestäviä vaatteita.
The basket contains clothes to be washed at +40°.

d)

Lahja, joka annettiin [isälle jouluna].

[Isälle jouluna] annettu lahja.
A present given to Father at Christmas.

Tässä muutamia lahjoja, jotka annettiin [isälle jouluna].

Tässä muutamia [isälle jouluna] annettuja lahjoja.

Note that
— the qualifiers which follow the verb in the **joka** clause will precede the corresponding participle (literally, "football-playing men", "on-the-sofa-sitting women" etc.)
— the participles will, as usual, agree in case and number with the noun which they qualify.

About the meaning of the four participles, compare the pictures below.

kirjettä kirjoittava tyttö

hyvälle ystävälle kirjoitettava kirje

romaanin kirjoittanut mies

viime sodasta kirjoitettu romaani

2. Adjectives ending in -ton, -maton

Adjectives ending in **-ton** (**-tön**), **-maton** (**-mätön**) are negative in character, denoting lack or absence of something.

a)

Tässä ruuassa ei ole makua.	This food has no taste.
Se ei ole maukasta, vaan mautonta.	It is not tasty, it is tasteless.
Ristolla ei ole perhettä. Hän ei ole	Risto has no family. He is not a
perheellinen, vaan perheetön.	family man but rather single.

Adjectives ending in **-ton** (**-tön**) are derived from nouns.
The principal parts are
(*maku: mau/n* →)   *mauton mautonta mauttoman mauttomia*

Further examples:

lapse/ton childless, *palka/ton* unpaid, *(hammas: hampaan) hampaa/ton* toothless, *(sydän: sydämen) sydäme/tön* heartless, *(tarkoitus: tarkoituksen) tarkoitukse/ton* meaningless

Note. Typical pairs of opposites are:

> *mauton ≠ maukas*   *tuuleton ≠ tuulinen*
> *onneton ≠ onnellinen*

b)

Auto liikkuu, se on liikkuva esine;	A car moves, it is a mobile object;
kivi ei liiku, se on liikkumaton.	a stone does not, it is immobile.
Tässä ovat vastatut kirjeet ja tuossa	Here are the answered letters and
vastaamattomat.	there the unanswered ones.

Adjectives ending in **-maton** (**-mätön**) are derived from verbs.
The principal parts are
(vastata: vastaa/vat →)   *vastaamaton -ta vastaamattom/an -ia*

Further examples:

ajattele/maton thoughtless, *ole/maton* nonexistent; *koke/maton* inexperienced; *odotta/maton* unexpected, *kutsumaton* uninvited; *anteeksianta/maton* unpardonable, inexcusable.

Note. Typical pairs of opposites are:

liikkumaton ≠ liikkuva	*tekemätön ≠ tehty*
saastu/maton ≠ saastu/nut	*uskomaton ≠ uskottava*

Sanasto

aikoinaan — formerly, in his time
aiko/mus-musta-muksen-muksia — intention
+ aito-a aidon aitoja — genuine, true; authentic
asuntola-a-n asuntoloita — dormitory
enimmäkseen — mostly, for the most part
epä/luuloi/nen (cp. *epä/luulo*) — suspicious, distrustful
+ epä/tietois/uus-uutta-uuden — uncertainty, being uninformed
ero-a-n-ja (cp. *erota*) — difference, distinction; parting, separation; divorce; resignation

+ haastatel/la haastattel/en-i haastatellut haastatelta/va-vaa-van-via — to interview

interviewee
+ harjoitel/la harjoittel/en-i harjoitellut (jotakin, tekemään) (cp. *harjoittelu*) — to practise, train; rehearse

+ harjoitta/a harjoitan harjoitti harjoittanut (jotakin) — to practise, exercise; carry on, pursue, be engaged in
+ hiljais/uus-uutta-uuden — silence, stillness
+ hyöty-ä hyödyn (cp. *hyödyllinen*) — benefit, use, advantage, profit
ilmais/ta-en-i-sut — to express; reveal, show
innosta/a-n innost/i-anut (johonkin, tekemään) — to inspire, stimulate, encourage

jatko-a-n-ja (cp. *jatkaa, jatkua*) — continuation, sequel; extension
jatko-opinnot — (post-)graduate studies
kemia-a-n — chemistry
kieli/opilli/nen-sta-sen-sia — grammatical
+ kieli/tiede-ttä-tieteen — linguistics; philology
+ koe-tta kokeen kokeita — test, exam
korkea/koulu — institution of higher education, university

kurssi/kirja — textbook; pl. required reading
lento/pallo — volleyball
+ luento-a luennon luentoja — lecture
+ luku/kausi — term, semester
+ luode-tta luoteen — northwest
luterilai/nen-sta-sen-sia — Lutheran
maan/osa-a-n-osia — continent
+ maku-a maun makuja — taste
myöntei/nen (≠ *kielteinen*) — positive; affirmative
+ opas-ta oppaan oppaita — guide
+ opetel/la opettel/en-i opetellut (tekemään) — to learn how to, practise, train

+ pappi-a papin pappeja — clergyman, minister, priest
para/ta-nen-ni-nnut (= *parantua*) — to get well; improve, become better
+ pilkki/ä pilkin pilkki-nyt — to go in for ice fishing
ratkais/ta-en-i-sut — to decide; solve
seurustel/la-en-i-lut (jonkun — to keep company, associate, mix;
kanssa) (cp. *seurustelu*) — go with, date
sisarukset sisaruksia (cp. *veljekset*) — siblings, brothers and sisters
+ sopeutu/a sopeudun sopeutu/i-nut — to adapt, adjust oneself
(johonkin)
+ suhtautu/a suhtaudun suhtautu/i — to take up an attitude; to feel
-nut (johonkin) — about, think about
synty/perä-ä-n — descent, origin, birth
tausta-a-n taustoja — background
terveelli/nen-stä-sen-siä — healthy, good for
tyydyttävä-ä-n tyydyttäviä — satisfactory, fair
+ valinta-a valinnan valintoja — election, choice, option
+ valinta/koe — entrance examination
vähintään (≠ *enintään*) — at least, not less than

Sanonta:
muun muassa (abbr. *mm.*) — among other things, among others,
including

JAMES BROWNIN LOMAMATKA

Heinäkuussa James aikoo tutustua Suomen tärkeimpiin nähtävyyksiin. Aluksi hän ajatteli osallistua seuramatkaan, jonka olisi voinut tehdä osittain maitse ja osittain vesitse sisävesilaivoilla. Lopulta hän kuitenkin päätti mieluummin vuokrata auton ja matkustaa yksin. Sillä tavalla hänellä olisi vapaus tehdä juuri niin kuin hän itse halusi.

James tietää, ettei vieraassa maassa pidä lähteä matkalle suunnittelematta asioita kunnolla. Hän on siis käynyt hakemassa matkatoimistoista esitteitä ja tehnyt ystäviensä avulla matkasuunnitelman, joka näyttää tällaiselta:

1. Lähtöpaikka: **Helsinki**, per. 1550. Maan pääkaupunki. Tärkeä myös teollisuus-, satama- ja kauppakaupunkina. Kulttuurielämän keskus.

2. **Turku**. Entinen pääkaupunki ja maan vanhin kaupunki. Tärkeimmät historialliset nähtävyydet: keskiaikainen linna, jossa on erinomainen museo, vanha tuomiokirkko, Luostarinmäen käsityöläismuseo.

3. **Tampere**. Teollisuuskaupunki, jota kutsutaan "Suomen Manchesteriksi". Ympäristön järvimaisemat ovat Suomen kauneimpia. Tampereella ei pidä jättää näkemättä kuuluisaa Pyynikin ulkoilmateatteria, jossa on pyörivä katsomo. (Huom. Varmista tämä tilaamalla lippu etukäteen.)

4. **Jyväskylä**, "Suomen Ateena", Päijänteen, Suomen toiseksi suurimman järven, pohjoispäässä sijaitseva tunnettu koulukaupunki. Alvar Aalto -museo.

5. **Oulun** kautta Pohjanmaan rannikkoa pitkin kohti Lappia, johon saavutaan **Torniossa**, Ruotsin rajalla.

6. Ylitetään **pohjoinen napapiiri**, jonka pohjoispuolella aurinko paistaa tähän aikaan vuodesta yötä päivää.

7. **Kilpisjärvi** sijaitsee aivan Norjan rajan läheisyydessä. Tässä osassa Lappia kohoaa Suomen korkein tunturi **Halti** (korkeus 1324 m). Kilpisjärvellä voisi viettää joitakin päiviä nousemalla Saanalle ja muille tuntureille, retkeilemällä, kalastamalla ja valokuvaamalla.

8. Rajan yli Norjan puolelle ja pitkin Pohjoisen jäämeren rannikkoa **Hammerfestiin**, maailman pohjoisimpaan kaupunkiin.

9. Norjasta takaisin Suomeen **Utsjoen** tietä. Täällä päin tapaa usein saamelaisia eli lappalaisia, joita Suomessa on pari tuhatta, Ruotsissa ja Norjassa jonkin verran enemmän.

10. **Rovaniemi**, Lapin uudenaikainen pääkaupunki. Ennen kuin lähdetään etelään, on parasta maistaa vielä kerran lohta ja poronlihaa, Lapin herkkuja.
11. Paluumatka Itä-Suomen kautta. Suomalainen järvi- ja metsämaisema on kauneimmillaan sekä **Kuopiossa**, Savon sydämessä, että **Kolilla**, Pohjois-Karjalan korkeimmassa kohdassa. Kuopiossa pitäisi tutustua ortodoksiseen museoon.
12. **Savonlinnaa** varten on varattava ainakin kaksi päivää. Käynti pienellä saarella sijaitsevassa Olavinlinnassa, kauneimmassa Suomen vanhoista linnoista. Luonnollisesti ohjelmaan kuuluu myös **Punkaharju**, jota usein pidetään järvialueen ihanimpana paikkana.
13. **Imatra**. Suuri koski, joka nykyisin tuottaa sähkövoimaa ja virtaa vapaana vain kesäsunnuntaisin. Samanniminen kaupunki sen rannalla, vain lyhyen matkan päässä Neuvostoliiton rajasta.
14. **Lahti**. Vilkas, nopeasti kehittyvä kaupunki, maan tunnetuimpia talviurheilukeskuksia. Sieltä noin puolentoista tunnin matka takaisin Helsinkiin.

Huomautuksia:
— Yöpyminen: teltassa leirintäalueilla.
— Otettava mukaan: kamera, filmiä (mustavalkoista ja värifilmiä), tiekartta, luettelo leirintäalueista, kalastuskortti, sääskiöljyä, retkeilyasu, teltta, makuupussi.
— Neuvontaa on saatavana kaupunkien matkailutoimistoista.
On otettava selvää mm. eri paikkakuntien kulttuuritapahtumista (esim. Kaustisen kansanmusiikkijuhlat, Kuhmon kamarimusiikkijuhlat, Savonlinnan oopperajuhlat).
— Palveluraha (''juomaraha''): ei makseta takseissa eikä parturissa (kampaamossa); ravintolassa se sisältyy laskun loppusummaan.

Sibelius-monumentti Helsingissä

Turun linnan vanhimmat osat ovat peräisin 1200-luvulta

Helsingin Temppeliaukion kirkko on rakennettu kallion sisään

Punkaharju

1400-luvulla rakennettu Olavinlinna on kesäisin suosittujen oopperajuhlien näyttämönä

Lapin tunturimaisemaa. Tunturien pyöreät muodot ovat jääkauden vaikutusta.

"prolative"
matkustaa maitse, meritse, lento-, rauta- tai maanteitse
lähettää paketti postitse
ilmoittaa asiasta puhelimitse, sähkeitse

"a family with two children"
= perhe, jossa on kaksi lasta (t. kaksilapsinen perhe)
talo, jossa on ruskea katto (t. ruskeakattoinen talo)
tyttö, jolla on tumma tukka (t. tummatukkainen tyttö)

kutsua
1. Liisa kutsuu Jamesin kahville.
2. Miksi (= millä nimellä) teidän Juhania kutsutaan?
   Häntä kutsutaan Jussiksi.

kuulua

Haloo, puhu kovempaa, kuuluu huonosti! Mitä kuuluu?	("be heard, be audible")
Kuinka sääntö (*rule*) kuuluu (= millainen se on, mikä sen sana-muoto on)?	("read, be")
Talo kuuluu Salon perheelle (= on Salon perheen oma).	("belong")
Asia ei kuulu sinulle (= ei ole sinun asiasi).	("be someone's business")
Kuuluuko Suomi Skandinaviaan (= onko osa sitä)?	("belong, be part of")
Tämä joki kuuluu maailman pisimpiin (= on yksi maailman pisimmistä).	("be one of, be among")
Täti kuuluu olevan sairaana (olemme kuulleet asian; sanotaan, että on).	("is said to be")

Kielioppia

1. The "without" case (abessive)

Lapsi tuli kouluun taki/tta, laki/tta ja käsinei/ttä.	The child came to school without cap, coat, and gloves.
Raha/tta on vaikea tulla toimeen.	It is difficult to manage without money.
Hän suuttui minuun aivan syy/ttä.	He got angry with me without any reason.
Joka kuri/tta kasvaa, se kunnia/tta kuolee (sananlasku).	Whoever grows up without discipline, will die without honor (proverb).

The idea "without something" is usually expressed in Finnish with *ilman* + partitive. Synonymous with it is the abessive case which is mostly found in literary Finnish.

Structure:

Sing. (+*lakki, laki/n* →)	*laki/tta*
Pl. (*käsine, käsinei/tä* →)	*käsinei/ttä*
(+*kenkä, kenki/ä* →)	*kengi/ttä*

Note. How to express that one is without something:

Lapsi meni kauppaan **ilman rahaa / rahatta.**
Hänellä **ei ole rahaa.** Hän on **rahaton.**
Hän on **vailla rahaa** (= rahaa vailla).
Häneltä puuttuu raha(a).

2. "tekemällä" by doing — "tekemättä" without doing

a		b	
Teke/mällä työtä ansaitsee rahaa.	By working one earns money.	*Haluaisitko elää teke/mättä työtä?*	Would you like to live without working?
Katsele/malla tv:tä pysymme ajan tasalla.	By watching TV we keep up-to-date.	*Katsele/matta tv:tä emme pysy ajan tasalla.*	Without watching TV we cannot keep up-to-date.

tekemällä and *tekemättä* are forms of the third infinitive (cp. "tekemässä" etc. in 2:1).

tekemällä expresses by what means or method the action of the sentence is performed and corresponds to the English "by doing".

tekemättä expresses absence or lack of action and corresponds to the English "without doing, not doing (something)".

Structure:

(*tehdä, teke/vät* →)	*teke*	+	*mällä* by doing
			mättä without doing
(*ommella, ompele/vat* →)	*ompele*	+	*malla* by sewing
(*lakata, lakkaa/vat* →)	*lakkaa*	+	*matta* without stopping, ceaselessly

"tekemättä" is often combined with the verbs *olla* and *jättää* to express the negative infinitive:

Koeta tehdä tämä työ hyvin; koeta olla tekemättä virheitä.	Try to do this job well; try not to make any mistakes.
Haluaisin mieluummin olla (or *jättää*) *vastaamatta tähän kysymykseen.*	I would prefer not to answer this question.

Note also:

Miksi tukkasi on kampaamatta ja kasvosi pesemättä?	Why haven't you combed your hair and washed your face?
Ovatko läksysi lukematta?	Haven't you done your homework?
Filmin loppu jäi meiltä näkemättä.	We failed to see (we missed) the end of the film.

Examples of idiomatic usage:

Epäilemättä.	Without doubt (no doubt).
Tätä lukuun ottamatta.	Except this.
Sanomattakin on selvää, että ...	It goes without saying that ...
En voinut olla nauramatta.	I couldn't help laughing.

3

3. More about the comparative and superlative of adjectives

(Review FfF 1, 32:1 about the comparative and 37:1 about the superlative. For a declension chart see App. 4:III.)

Comparative		Superlative	
Sing.			
Kaksi pienempää lasta.	Two smaller children.	*Kaksi pienintä lasta.*	Two smallest children.
Kalliimman hotellin nimi.	The name of the more expensive hotel.	*Kalleimman hotellin nimi.*	The name of the most expensive hotel.
Kuumempaan saunaan.	Into a hotter sauna.	*Kuumimpaan saunaan.*	Into the hottest sauna.
Kokeneempana meistä . . .	As the more experienced one of us . . .	*Kokeneimpana meistä . . .*	As the most experienced one of us . . .
Apua köyhem-mälle maalle.	Aid to a poorer country.	*Apua köyhim-mälle maalle.*	Aid to the poorest country.
Pl.			
Katselin pienem-piä lapsia.	I watched the smaller children.	*Katselin pienim-piä lapsia.*	I watched the smallest children.
Kalliimpien hotellien huoneet.	Rooms of the more expensive hotels.	*Kalleimpien hotellien huoneet.*	Rooms of the most expensive hotels.
Kuumempiin maihin.	To hotter countries.	*Kuumimpiin maihin.*	To the hottest countries.
Kokeneempina meistä . . .	As the more experienced of us . . .	*Kokeneimpina meistä . . .*	As the most experienced of us . . .
Apua köyhem-mille.	Aid to the poorer ones.	*Apua köyhim-mille.*	Aid to the poorest.

The comparative characteristic is

-**mpi** in the basic form: *nuore/mpi*

-**mpa**- (-**mpä**-):-**mma**- (-**mmä**-) in the rest of the sing. and the nom.pl.: *nuore/mpa/a, nuore/mma/n,* illat. *nuore/mpa/an*

-**mpi**-:-**mmi**- in the rest of the plural: *nuore/mpi/a, nuore/mmi/lla*

The superlative characteristic is

-in in the basic form and part.sing.: *nuor/in, nuor/in/ta*

-impa- (-impä-):-imma- (-immä-) in the rest of the sing. and the nom.pl.: *nuor/imma/n,* illat. *nuor/impa/an*

-impi-:-immi- in the rest of the plural: *nuor/impi/a, nuor/immi/lla*

Note. *paras* best *(parasta parhaan parhaita)* has a regular parallel form *parhain.*
alempi lower, *alin* lowest and *ylempi* higher, *ylin* highest are based on the stems *ala-* and *ylä-,* which only appear in compounds, e.g. *ala/osa* lower part, *ylä/kerta* upstairs.

Further examples of the use of the comparative and superlative:

Tanssi muuttui nopeammaksi ja nopeammaksi (= yhä nopeammaksi).	The dance became faster and faster.
Mitä vanhempi, sitä viisaampi.	The older, the wiser.
Sitä parempi!	So much the better!
Inari on Suomen kolmanneksi suurin järvi.	Inari is the third largest lake in Finland.
Tampere on maan suurimpia kaupunkeja; se on yksi maan tärkeimmistä teollisuuskaupungeista.	Tampere is one of (is among) the country's biggest cities; it is one of the most important industrial cities in the country.
Tämä oli mitä mielenkiintoisin (= erittäin mielenkiintoinen) esitelmä (''the absolute superlative'').	This was a most interesting (= very interesting) talk.

Comparing the same thing at different times or places:

Kesällä Pohjolan yö on lyhimmillään ja päivä pisimmillään.	In summer, the northern night is (at its) shortest and the day (at its) longest.
Missä tämä järvi on syvimmillään?	Where is this lake (at its) deepest?

Sanasto

+ apu-a avun — help, aid, assistance
asu-a-n-ja — outfit, dress
+ esite-ttä esitteen esitteitä — brochure, prospectus
etu/käteen — beforehand, in advance
+ herkku-a herkun herkkuja — delicacy
huom. (= *huomaa; huomautus*) — N.B., note
huomaut/us-usta-uksen-uksia — remark, note
kampaamo-a-n-ita (cp. *kampa;* — hairdresser's
kammata: kampaan*)
katsomo-a-n-ita (cp. *näyttämö*) — auditorium, spectator stand
+ keski/aika — Middle Ages
kesk/us-usta-uksen-uksia — center; telephone exchange
koho/ta-an-si-nnut (= *nousta*) — to rise, go up
+ kohta-a kohdan kohtia (cp. *kohta* — point, place, spot; item; passage
presently, soon*)
+ korke/us-utta-uden-uksia — height
+ kunto-a kunnon — condition, (working) order, state (of health)

kunnolla — properly, well
kunnossa — in good condition, fit
kutsu/a-n-i-nut (= *nimittää,* — to call by a name
sanoa) (jotakuta joksikin)
kuulu/a-n-i-nut — to be heard; belong; be one's concern

kuuluisa-a-n kuuluisia — famous, well-known
käsi/työläi/nen-stä-sen-siä — craftsman, artisan
leirintä/alue-tta-en-ita (*leiri* camp) — camping ground
lohi lohta lohen lohia — salmon
luettelo-a-n-ita (''*lista*'') — list
makuu/pussi-a-n-pusseja — sleeping bag
matkailu-a-n — tourism
ortodoksi/nen-sta-sen-sia — Orthodox
+ paikka/kunta-a-kunnan-kuntia — locality, place, community
palvelu/raha (''*juoma/raha*'') — service charge, tip
parturi-a-n partureita — barber, barber's
perusta/a-n perust/i-anut — to ground, establish
Pohjoinen jää/meri — Arctic Ocean
pohjoinen napa/piiri — Arctic Circle
poro-a-n-ja — reindeer
pyöri/ä-n pyöri-nyt — to go round, revolve, rotate
päässä (postpos. + gen.) — at a distance of
raja-a-n rajoja — border, boundary, frontier; limit

+ rannikko-a rannikon rannikkoja   coast
retkeil/lä-en-i-lyt (cp. *retki;*   to hike, stroll, wander; make
    retkeily)   excursions
seura/matka   conducted tour
+ sisälty/ä sisällyn sisälty/i-nyt   to be included in, be part of
    (johonkin)
sydän-tä sydämen sydämiä   heart, core
sääski sääskeä sääsken sääskiä   mosquito, gnat
tapahtuma-a-n tapahtumia   event, incident, happening
+ teltta-a teltan telttoja   tent
tunturi-a-n tuntureita   Lapp mountain, fjeld, fell
uuden/aikai/nen-sta-sen-sia   modern, up-to-date
    (= *nyky/aikainen, moderni*)
valo/kuva/ta-an-si-nnut   to photograph
    (*valo/kuva* photo)
vara/ta-an-si-nnut   to reserve, book
varmista/a-n varmist/i-anut   to make sure, ascertain
+ ylittä/ä ylitän ylitt/i-änyt   to cross; exceed, go beyond
+ yöpy/ä yövyn yöpyi yöpynyt   to stay overnight
öljy-ä-n-jä   oil

Sanontoja:
jonkin verran   somewhat, to some extent
maitse   by land
olla saatavana   to be had, be available
+ ottaa selvää (jostakin)   to find out about sthg

JAMES BROWN LUKEE LEHTEÄ

James Brownin asunto, pyhäaamu, kello on puoli kahdeksan. Herätyskello on juuri soinut ja herättänyt Jamesin.

Jos voitaisiin nähdä Jamesin asuntoon, huomattaisiin, että James on tosin herännyt, mutta näyttää yhä hyvin väsyneeltä. Jos edelleen seurattaisiin Jamesin toimia, nähtäisiin, että hän nousee, peseytyy ja ajaa partansa — ja näyttää jo paljon reippaammalta. Vielä kupillinen vahvaa mustaa kahvia, ja James on elämänsä kunnossa. Aamutakki yllään ja tohvelit jalassaan hän hakee aamulehden ja avaa sen uutissivulta. (Radiota hänen ei tarvitse avata. Talossa on niin ohuet seinät, että taustamusiikki kuuluu aivan hyvin naapurista.)

Parantaakseen suomen kielen taitoaan James lukee säännöllisesti suomalaisia sanomalehtiä. Hänestä on mielenkiintoista seurata eri puolueiden lehtiä, koska esim. oikeisto ja vasemmisto ajattelevat usein samasta asiasta täysin eri tavalla. Tavallisimmin hän kuitenkin lukee Helsingin Sanomia, joka on puolueeton, mutta lähellä keskustaa. Se on nimittäin maan suurin päivälehti, ja siinä on eniten ilmoituksia.

Juuri niitä nyt tarvittaisiinkin, sillä Jamesilla on aikomus muuttaa. Hän on päättänyt luopua kalustetusta huoneestaan ja muuttaa yksiöön asumaan. Siitä johtuu, että hän nousee näin aikaisin sunnuntaiaamuna.

Paksu sunnuntainumero sisältää paljon asiaa. On maailmanpolitiikkaa: USA:n presidentti ja Englannin pääministeri ovat tavanneet toisensa Lontoossa ... YK:ssa on pidetty tärkeä puhe ... Toivotaan, että rauha voitaisiin palauttaa Lähi-itään, mahdollisuudet tuntuvat vähän paremmilta ... (Niin, James ajattelee itsekseen, ei vain Lähiitään; jospa saataisiin pysyvä rauha koko maailmaan ...) Pääkirjoitus käsittelee juuri valittua uutta eduskuntaa ja eri puolueiden reaktioita. Voittaneet puolueet ovat tietenkin tyytyväisiä ja hävinneet selittävät, että jos olisi tehty niin eikä näin, olisi hävitty vähemmän tai jopa voitettu ... Itämeren saastumista tutkiva konferenssi kokoontuu Helsingissä ... Nuorten huumeiden käyttöä tutkitaan.

Välillä James tutkii takasivuilta radio- ja televisio-ohjelmat ja lukee tietysti sarjakuvat. Sitten hän palaa keskelle lehteä, kulttuurisivuille.

Kirjallisuus-, taide- ja teatteripalstat ovat pitkät, kuten aina sunnuntaisin. Laaja intiaanikulttuuria käsittelevä artikkeli kiinnostaa Jamesia kovasti. Talouselämän uutiset kertovat uudesta valtion lainasta. Urheilua ... Stadionilla pidetään suuret kansainväliset urheilukilpailut, isoissa kuvissa näkyy maahan saapuneita tähtiurheilijoita.

Lippujen myynti Tanska—Suomi jalkapallo-otteluun alkaa huomenna — Tanska todennäköisesti voittaa ja Suomi häviää ... Jäähallissa jatkuu jääkiekkosarja — kummallista, ettei yleisö ole vielä kyllästynyt. No, sehän on tietysti makuasia sekin.

Sitten ilmoitusten vuoro. Onpa niitä! Tuossa mainostetaan uusinta muotia, tuossa myydään jo viime vuoden vaatteita viidenkymmenen prosentin alennuksella — ei kiitos, Jamesilla ei ole nyt rahaa vaatteisiin. Sitä paitsi James olisi tuskin välittänyt kaikesta tuosta tavarasta, vaikka sitä olisi tarjottu ilmaiseksi, liiasta tavarasta on ihmiselle vain vaivaa. Tosin — James ajattelee hetkistä myöhemmin — jos hänelle tarjottaisiin halvalla tuota hienoa videonauhuria, hän saattaisi muuttaa mielensä. Palvelukseen halutaan: osastopäällikkö ... automekaanikko ... sairaanhoitajia ... siivoojia ... Myydään: käytetty pesukone ... käytettyjä autoja ... Vuokrata halutaan ... Tuossa se viimeinkin on: *VUOKRALLE TARJOTAAN.* Mitä, vain kaksi yksiötä, toinen Tapiolassa, toinen Herttoniemessä. Pitääpä soittaa heti!

Viiden minuutin kuluttua James tiesi, että ne kaksi asuntoa oli jo vuokrattu. Mitä me tästä opimme? Toimi nopeammin, niin saat varmemmin asunnon. Lehden olisi voinut lukea myöhemminkin, mutta Helsingissä ei onnistu kovinkaan helposti löytämään hyvää asuntoa.

■■■

P.S. Koska kaikilla poliittisilla puolueilla on omat lehtensä, suuri osa Suomen lehdistöstä on puoluelehtiä, joilla on oma aatteensa (ideologiansa). Puolueettomien lehtien joukossa on kuitenkin eräitä hyvin suuria ja tärkeitä lehtiä. Helsingin lehdistä ovat liberaalin Helsingin Sanomien lisäksi puolueettomia konservatiivisempi Uusi Suomi sekä ruotsinkielinen Hufvudstadsbladet (''pääkaupungin lehti'').

Pääkaupunkiseudun iltapäivälehdet (Ilta-Sanomat ja Iltalehti) myyvät itseään urheilulla ja sensaatioilla kuten vastaavat lehdet muuallakin maailmassa.

Maassa ilmestyy luonnollisesti runsaasti muutakin lehdistöä. Suomen Kuvalehti tarjoaa artikkeleissaan taustaa ajankohtaisille politiikan ja talouselämän tapahtumille kotimaassa ja muualla. Erilaisia paikallislehtiä, ammattilehtiä, naistenlehtiä jne. julkaistaan paljon.

Suomen kansa on tunnettua lukuhalustaan. YK:n tilastoissa heillä on kauan ollut korkein lukutaitoprosentti. Vuonna 1982 suomalaiset lukivat sanomalehtiä neljänneksi eniten maailmassa DDR:n (= Itä-Saksan), Ruotsin ja Norjan jälkeen. Helsingin Akateeminen kirjakauppa on alallaan Euroopan suurimpia, yhteen aikaan jopa koko maanosan suurin.

Kuvassa vasemmalla puoluelehtiä, oikealla puolueettomia. Kansan Uutiset ja Suomen Sosialidemokraatti edustavat vasemmistoa, Suomenmaa keskustaa ja tamperelainen Aamulehti oikeistoa. Suomen suurin sanomalehti on Helsingin Sanomat ja toiseksi suurin Aamulehti.

nimittäin

Pekka ei ole tänään työssä, hän on nimittäin sairaana (= sillä, koska hän on sairaana).
Suomessa on kolme tärkeää puulajia, nim. (= ne ovat:) mänty, kuusi ja koivu.

pukea — pukeutua Hoitaja pukee ja riisuu lapsen, kunnes se
riisua — riisuutua itse oppii pukeutumaan ja riisuutumaan.

nähdä — näkyä Taivaalla näkyy (= voidaan nähdä) lentokone.
Missä, en näe sitä.
kuulla — kuulua Sen ääni kuuluu (= voidaan kuulla) selvästi.
Kyllä minäkin äänen kuulen.

Tunnettuja **sarjakuvia** ovat Mikki Hiiri ja Aku Ankka.

urheilukilpailut (juhlien nimet usein monikossa!)
Perheessä on häät, ristiäiset, syntymäpäivät, hautajaiset, kutsut.
Huomenna mennään juhliin.

Vaatteet ovat **yllä** (colloq. **päällä**). Ne pannaan **ylle**.
Hattu on **päässä**. Se pannaan **päähän**.
Kengät ovat **jalassa**. Ne pannaan **jalkaan**.
Käsineet ovat **kädessä**. Ne pannaan **käteen**.
Kaulaliina on **kaulassa**. Se pannaan **kaulaan**.

Kielioppia

1. More passive forms: conditional

Conditional present

(teh/dään)	*Työ teh/täisiin.*	The job would be done.
	Sitä ei teh/täisi.	It would not be done.
(ote/taan)	*Laina ote/ttaisiin.*	A loan would be taken.
	Sitä ei ote/ttaisi.	It would not be taken.

Question:

Tehtäisiin/kö työ?	Would the job be done?
Ei/kö sitä tehtäisi?	Wouldn't it be done?

Conditional perfect

Työ olisi teh/ty.	The job would have been done.
Sitä ei olisi teh/ty.	It wouldn't have been done.
Laina olisi ote/ttu.	A loan would have been taken.
Sitä ei olisi ote/ttu.	It wouldn't have been taken.

Question:

Olisi/ko työ tehty?	Would the job have been done?
Ei/kö sitä olisi tehty?	Wouldn't it have been done?

Colloquial forms: *me tehtäis(iin), me ei tehtäis(i); me olis(i)/oltais(i) tehty, me ei olis(i)/oltais(i) tehty.*

Note.
Remember to use an active sentence if you want to indicate the performer of the action:

Päätettiin, että rakennettaisiin uusi talo. Sen suunnittelisi Rakennus Oy.   It was decided that a new house would be built. It would be designed by R.

Note also:
The "tehdäkseen" form (see 3:2), which always refers to the subject of the sentence, cannot be used in passive sentences and will be replaced by clauses expressing purpose. Cp.

Käymme koulua oppiaksemme hyödyllisiä asioita.
We go to school in order to learn useful things.

Koulua käydään, jotta (että) opittaisiin hyödyllisiä asioita.
We go to school in order to learn useful things.

2. Object and non-object verbs (transitives and intransitives)

a)

Mies aikoo kaataa puun.
The man is going to fell the tree.

b)

Puu kaatuu.
The tree is falling.

Äiti pesi lapsen.
Mother washed the child.

Lapsi peseytyi.
The child washed himself.

Kello herättää hänet.
The clock will wake him up.

Hän herää.
He is waking up.

Tyttö soittaa ovikelloa.
The girl is ringing the door-bell.

Ovikello soi.
The door-bell is ringing.

Verbs which can have a direct object are called **transitive verbs** (a).

Verbs which cannot have a direct object (that is, which only tell us what is happening to the subject) are called **intransitive verbs** (b).

Among the most common intransitives are *olla, istua, seisoa, maata, nukkua, mennä, tulla, liikkua, kulkea, juosta* and others that denote being (in a place, in a state) or motion.

In Finnish, unlike English, one and the same verb can seldom be used both transitively and intransitively. Even when both are derived from the same root, two clearly separate verbs are used.

Typical intransitives are, for instance, the numerous reflexive verbs ending in **-ua (-yä)** (*kaatua, muuttua, kääntyä, parantua* etc.) and **-utua (-ytyä)** (*peseytyä, pukeutua, vapautua* etc.).

Typical transitives are, for example, the many causative verbs ending in **-ttaa (-ttää)** (*herättää, syöttää, opettaa* etc.) with the basic meaning "to cause someone to do something".

(The abbreviations *tr.* and *intr.* or *t.* and *i.* are used in dictionaries to indicate the category to which the verb belongs.)

Further examples:

	Transitives	Intransitives
muuttaa/ *muuttua*	*Ihminen muuttaa ympäristöään.*	*Ympäristö muuttuu.*
	Man changes his environment.	The environment changes.
parantaa/ *parantua*	*Aika parantaa haavat.* Time heals wounds.	*Haavat parantuvat.* Wounds heal.
tuntea/ *tuntua*	*Tunnetko auringon lämmön?* Do you feel the warmth of the sun?	*Ilma tuntuu lämpimältä.* The air feels warm.
väsyttää/ *väsyä*	*Ikävä työ väsyttää ihmistä.* Boring work tires you out.	*Ihminen väsyy ikävästä työstä.* You get tired of boring work.
nähdä/ *näkyä*	*Lapsi näkee kirjassa kuvia.* The child sees pictures in the book.	*Kuvissa näkyy villejä eläimiä.* Wild animals are to be seen in the pictures.
kuulla/ *kuulua*	*Kuuletteko soittoa?* Can you hear the music?	*Soitto kuuluu puistosta.* The music is heard from the park.
nostaa/ *nousta*	*Isä nosti tyttärensä korkealle ilmaan.* Father lifted his daughter high in the air.	*Lapsi koetti nousta seisomaan.* The baby tried to stand up.
päästää/ *päästä*	*Päästä koira sisään!* Let the dog in!	*Koira pääsi sisään.* The dog was let in.

Note.
Finnish intransitive verbs frequently correspond to passive expressions in English. About the difference between the passive and the intransitive verb in Finnish compare the following pairs of sentences.

Passive	Intransitive verb
Vaikeat sanat toistettiin monta kertaa (inf. *toistaa*). The difficult words were repeated many times (in class).	*Sana toistuu tekstissä monta kertaa* (inf. *toistua*). The word is repeated (repeats itself) many times in the passage.
Veikko Laineen pitkä puheenvuoro keskeytettiin (inf. *keskeyttää*). (Puheenjohtaja keskeytti sen.) V. Laine's long address was interrupted (by the chair).	*Ministerin puhe keskeytyi* (inf. *keskeytyä*). (Hän sairastui.) The minister's speech was interrupted (he was taken ill).

With the Finnish passive, it is always understood that — although it is not indicated by whom — the action is performed by a person or persons ("one does, people do"). With the intransitive verb forms, this is not the case.

Sanasto

+ aate-tta aatteen aatteita — idea, thought, notion
ajan/kohtai/nen-sta-sen-sia — topical, current
alenn/us-usta-uksen-uksia — reduction, discount
  (*alentaa* to lower; reduce)
+ herättä/ä herätän herätt/i-änyt — to wake up, awaken, call; arouse,
  (cp. *herätys*) — stir
huume-tta-en-ita — narcotic
hävi/tä-än-si-nnyt — to disappear; lose, be beaten
ilmaiseksi (*ilmainen* free) — for nothing, free of charge
ilmesty/ä-n-i-nyt — to appear
jatku/a-n-i-nut (*jatkaa* tr.) — to go on, (be) continue(d)
jopa (= *vieläpä*) — even; certainly, indeed
+ joukko-a joukon joukkoja — number, mass, crowd; troop
  joukossa (postpos. + gen.) — among
julkais/ta-en-i-sut — to publish
+ jää/kiekko-a-kiekon-kiekkoja — ice-hockey
kansain/väli/nen-stä-sen-siä — international
+ kirjallis/uus-uutta-uuden — literature
+ kokoontu/a kokoonnun — to come together, gather, assemble
  kokoontu/i-nut (jhk)
kummalli/nen-sta-sen-sia — strange, odd, peculiar
+ käsitel/lä käsittel/en-i käsitellyt — to handle, treat; deal with, be
  (jtk) — about, discuss
+ käytetty-ä käytetyn käytettyjä — used, second-hand
laaja-a-n laajoja — wide, extensive
lehdistö-ä-n — the press; foliage, leaves
+ luopu/a luovun luopu/i-nut (jstk) — to give up, abandon, renounce
+ Lähi-itä-ä-idän — Middle East
muodosta/a-n muodost/i-anut — to form, establish; make up,
  (*muoto* form, shape) — constitute; shape
+ muoti-a muodin muoteja — fashion, style, vogue
nauhuri-a-n nauhureita (*nauha* — tape recorder
  ribbon; tape)
nimittäin (abbr. *nim.*) — namely, that is to say, viz.
+ näky/ä näyn näkyi näkynyt — to be seen, be visible
oikeisto-a-n — (political) right
ottelu-a-n-ja (cp. *kilpailu*) — match, contest, fight
paksu-a-n-ja (≠ *ohut*) — thick; fat; dense
+ palautta/a palautan palautt/i-anut — to bring back, return, restore
  (*palata* itr.)
palsta-a-n palstoja — column; parcel, lot

+ paranta/a parannan paransi parantanut (*parantua* itr.)	to cure; improve, make better
+ parta-a parran partoja ajaa parta(a)	beard to shave
+ peseyty/ä peseydyn peseyty/i-nyt (*pestä* tr.)	to wash (oneself), have a wash
puolue-tta-en-ita	(political) party; team
+ puoluee/ton-tonta-ttoman-ttomia	impartial, neutral, non-party, non-partisan
pää/kirjoitus	editorial, leader
+ reipas-ta reippaan reippaita	brisk, spry, alert, active
saastu/a-n-i-nut	to be(come) polluted
+ saatta/a saatan saattoi saattanut	can, may; to accompany, see off, see home
sarja/kuva-a-n-kuvia	comic strip, (pl.) comics
sillä (cp. *koska, siksi että*)	for, because
+ sisältä/ä sisällän sisälsi sisältänyt (*sisältyä* itr.)	to contain, include
säännölli/nen (*sääntö* rule)	regular
+ talo/us-utta-uden-uksia	household; economy
tilasto-a-n-ja	statistics
toden/näköi/nen-stä-sen-siä	probable, likely
tohveli-a-n tohveleita	slipper
toimi tointa toimen toimia	occupation, job, work; (pl.) action, measures
tosin	(it is) true, certainly
vahva-a-n vahvoja (= *voimakas*)	strong, firm
vaiva-a-n vaivoja (cp. *vaivata* to bother, trouble)	trouble, nuisance; inconvenience; pain(s)
vasemmisto-a-n	(political) left
vastaava-a-n vastaavia	corresponding, equivalent
viimein (= *lopulta, vihdoin*)	at last, finally
+ YK = Yhdistyneet kansa/kunnat Yhdistyneitä kansakuntia	UN = United Nations
yleisö-ä-n	public, audience

+ kaata/a kaadan kaatoi kaatanut (*kaatua* itr.)	to fell, cut, chop; overturn; pour, spill

TULIAISIA OSTAMASSA

Mary Makinen, australiansuomalainen, joka on viettänyt muutaman kuukauden vanhempiensa kotimaassa, on ystävänsä Kaijan kanssa ostamassa tuliaisia perheelleen suomalaisesta tavaratalosta.

1. Mary: Voi Kaija, minun on ihan mahdotonta päättää, mitä ostaisin. Auta sinä minua valitsemaan jotain, joka on todella tyypillisesti suomalaista.
2. Kaija: Sinun pitää ehdottomasti ostaa jokin lasiesine. Tuo sininen maljakko on minusta harvinaisen kaunis, eikö sinustakin? Tai tuo toinen, värittömästä lasista tehty.
3. M: Se on melkein vielä kauniimpi. Kenen muotoilema se on?
4. K: Katsotaan ... Se on Tapio Wirkkalan muotoilema.
5. M: Meidän täytyy vain ottaa huomioon, että minä lennän kotimaahan. Nämä lasiesineet näyttävät painavilta. Ja minulla on semmoinen tunne, että ne saattavat olla kalliitakin.
6. K: Katsotaanpas hintoja. Oikein arvattu.
7. M: Tiedätkö, mitä minä ostaisin isälle, jos ei tarvitsisi välittää rahasta? Jonkun suomalaisen taiteilijan maalaaman taulun. Jokin rauhallinen maisema, esimerkiksi metsän ympäröimä järvi. Hän voisi katsella sitä, kun hänelle tulee koti-ikävä.
8. K: Minä olen ajatellut lähettää sinun perheellesi lahjaksi kirjan, jonka nimi on "Suomen luonto kuvina". Siinä on paljon järvialueelta otettuja kuvia. Ei se ole samaa kuin maalaus, mutta onhan se jotakin.
9. M: Kiitos jo etukäteen, Kaija. He pitäisivät varmasti sellaisesta kirjasta.
10. K: Tuolla on kivoja keramiikkaesineitä, mennäänkö katsomaan? Nämä ovat Arabian tehtaan valmistamia.
11. M: Tuo punaruskea vati sopisi hyvin lahjaksi minun parhaalle ystävälleni Janelle. Hän pitää pohjoismaisesta muotoilusta.
12. K: Tuli juuri mieleen, että koruthan sopivat aina tuliaisiksi. Esimerkiksi kalevalakorut. Ne ovat vanhojen historiallisten mallien mukaan valmistettuja ja aika edullisia. Ne ovat useimmiten hopeaa tai tinaa tai pronssia.
13. M: Minä muistan ne. Mitähän jos ostaisin itselleni semmoisen hopeasormuksen.
14. K: Tietenkin myös tekstiilit ovat suosittuja lahjoja, varsinkin käsin kudotut. Niitä on moneen tarkoitukseen. Tässä on erikokoisia pöytäliinoja. Ja sinähän tunnet ryijyt.

15. M: Joko minä kerroin sinulle, että vien äidille itse tekemäni ryijyn? Minä näin jossain tämän ryijyn ja ihastuin siihen. Minä etsin sitä joka paikasta, mutta sitä ei ollut liikkeissä valmiina. Silloin minä päätin kutoa sen itse.

16. K: Se on hauskaa työtä, mutta hidasta. Kyllä äitisi ihastuu!

17. M: Mutta mitä ihmettä minä osaan ostaa veljelleni? Ja lapsille?

18. K: Veljellesi minä ehdottaisin puukkoa. Ja tuollaiset kansallis-pukuiset nuket voisivat kiinnostaa lapsia.

19. M: Kittyllä on jo jonkun tuttavan lahjoittama hollantilaisnukke. Hän voisi ruveta vaikka keräämään nukkeja.

20. K: Ovatko sinun vanhempasi kiinnostuneita suomalaisesta kirjal-lisuudesta? Sinun äitisihän on kotoisin Pohjanmaalta. Minä olen juuri lukenut romaanin nimeltä Pohjanmaa. Se on mielenkiintoi-nen ja paljon luettu kirja.

21. M: Kenen kirjoittama se on?

22. K: Antti Tuurin. Minusta tuntuu, että sinun vanhempasi pitäisi-vät siitä.

23. M: Sitten minulla alkaakin olla tarpeeksi lahjaideoita. Minä otan sen ryijyn lisäksi äidille ja isälle pari kirjaa, veljelleni puu-kon, veljentyttärilleni kummallekin nuken, Janelle keramiikkaa ja itselleni pienen kalevalakorun. Monet kiitokset sinulle avusta, Kaija! Nyt täytyy vain löytää jostakin myyjä. Se ei aina olekaan helppoa.

24. K: Täytyy vain luottaa hyvään onneen ... Hei, tuolla näkyy yksi! Minä haen hänet.

Nukke **sopii** (on sopiva) lahja**ksi**.
Tämä liha **ei kelpaa** (inf. kelvata) ruua**ksi**.

Sormus on **kultaa**.
Sormus on **kullasta tehty**.
Se on **kultainen** sormus.

Mistä tyttö etsi kissaansa? Joka paika**sta**.
Hän löysi sen piha**lta**.

missä?	mistä?	mihin t. minne?
jossa(k)in	josta(k)in	johonkin t. jonnekin
ei missään	ei mistään	ei mihinkään t. minnekään

111

Timo Sarpanevan muotoilemaa lasia

Tapio Wirkkalan lasimaljakko

Birger Kaipiaisen keramiikkaesineissä on usein suuria, värikkäitä kukkia

Kalevalakorut on valmistettu historial-
listen mallien mukaan

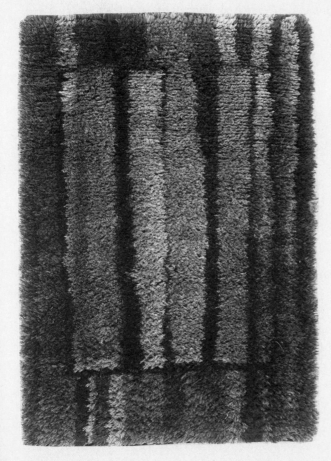

Uhra Simbergin ryijy

Kielioppia

1. "tekemä" — done by somebody (agent participle)*

a)

Hamletin kirjoitti (on, oli kirjoittanut) Shakespeare.

Hamlet on Shakespearen kirjoittama.
"Hamlet" was written by Shakespeare.
(Cp. *Hamlet on kuuluisa.*)

Tämän ruuan oli valmistanut ranskalainen kokki.

Tämä ruoka oli ranskalaisen kokin valmistamaa.
This food had been prepared by a French cook.
(Cp. *Tämä ruoka oli hyvää.*)

---

* Agenttipartisiippi

Nämä kuvat on piirtänyt pikku Pekka.

Nämä kuvat ovat pikku Pekan piirtämiä.
These pictures were drawn by little Pekka.
(Cp. *Nämä kuvat ovat hauskoja.)*

b)

(Kaunis pöytäliina.)
Liisan kutoma pöytäliina.   A table-cloth woven by Liisa.
Sain lahjaksi Liisan kutoman liinan.   I got a table-cloth woven by Liisa as a present.

Nämä ovat Liisan kutomia liinoja.   These are table-cloths woven by Liisa.

Kaikki pitävät Liisan kutomista liinoista.   Everybody likes the tablecloths woven by Liisa.

Sain hänen kutomansa pöytäliinan.   I got a table-cloth woven by her.
Liisa antoi minulle kutomansa liinan.   Liisa gave me a table-cloth woven by herself.

Note the following points about the agent participle:

— **Structure:** *(tehdä, teke/vät →) teke/mä*
— It resembles an adjective in that it agrees with the noun which it quali-
fies in case and number. Principal parts: *(Liisan) tekemä (L:n) tekemää
(L:n) tekemän (L:n) tekemiä*
— The performer of the action, the **agent** (''by somebody''), appears in the
genitive. If the agent is a personal pronoun, a possessive suffix must be
added: *(hänen) kutoma/nsa.* (The genitive of the pers. pronoun is
omitted according to the rules given in FfF 1, 29:1.)

Note the important contrast between the past participle passive (see 6:1) and
the agent participle:

Kudottu pöytäliina.   A woven table-cloth.
Liisan kutoma pöytäliina.   A table-cloth woven by Liisa.

With the form *kudottu* the performer of the action **cannot** be indicated;
with the form *kutoma* the performer of the action **must** always be indicated.

Liisan kutoma liina actually means the same thing as the longer expression
with a **joka** clause *liina, jonka Liisa kutoi (on, oli kutonut).* Examine the
examples below and compare them with the corresponding expressions in
10:1.

*Lahja, jonka äiti antoi [isälle
jouluna].*

Äidin [isälle jouluna] antama lahja.
A present given by Mother to Father
at Christmas.

*Näet myös kirjan, jonka Pekka osti
[hänelle].*

*Näet myös Pekan [hänelle] ostaman
kirjan.*
You can also see the book bought
for him by Pekka.

*Oikealla on makeisia, jotka Maija
lahjoitti [isälle].*

*Oikealla on Maijan [isälle] lahjoit-
tamia makeisia.*
At right there are sweets presented
to Father by Maija.

Note that the qualifiers which follow the verb in the **joka** clause will be placed between the agent and the participle.
(There is an inflection chart of the agent structure in App. 4:V.)

About the meaning of the five participles, see the picture below.

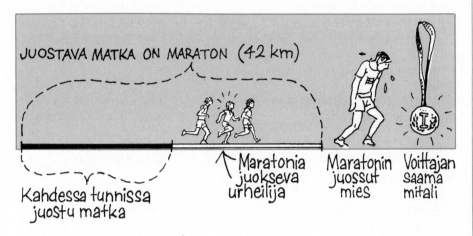

2. Directional verbs answering the questions "mihin" and "mistä"

a)
With verbs which express appearing somewhere, Finnish uses local forms answering the question **mihin** (not *missä*):

Sauna rakennetaan usein veden lähelle.	A sauna is often built near the water.
Suomen ensimmäinen yliopisto perustettiin Turkuun.	Finland's first university was established in Turku.
Istutatko ruusuja puutarhaasi?	Will you plant roses in your garden?
Koira kätki luun maahan.	The dog hid the bone in the ground.
Auto pysähtyi (pysäköi) kukkakaupan eteen.	The car stopped (parked) in front of a flower shop.

Similarly with **jäädä**, **jättää**, and **unohtaa** (when synonymous with *jättää*):

Mihin olen jättänyt sateenvarjoni?	Where did I leave my umbrella?
Jäikö Liisa kotiin?	Did Liisa stay at home?

b)

With verbs **ostaa, etsiä, hakea, löytää** Finnish uses local forms answering the question **mistä** (not *missä*):

Mistä olet ostanut tuon puvun?	Where did you buy that suit?
Ostimme mökin Vihdistä.	We bought a cottage in Vihti.
Mitä sinä sieltä löysit?	What did you find there?
Veljeni haki paikkaa vientiyhtiöstä.	My brother applied for a job with an export firm.

Note:

Kuulimme tämän ohjelman radiosta.	We heard this program on the radio.
Katso sana sanakirjasta!	Look up the word in the dictionary!

Note also:

Mary aikoo mennä suomen kesä-kurssille Hämeenlinnaan (not *-linnassa*).	Mary is going to a Finnish summer course in Hämeenlinna.
Lähdimme tapaamaan sukulaisia Tampereelle (not *Tampereella*).	We went to meet some of our relatives in Tampere.
Jäätkö viettämään kesää kaupunkiin?	Will you stay for the summer in town?
Tytöt tulivat hiihtämästä Lapista.	The girls came from skiing in Lapland.

Sanasto

arva/ta-an-si-nnut	to guess
edullinen (*etu* advantage)	advantageous, favorable
+ ehdo/ton-tonta-ttoman-ttomia (cp. *ehto* condition, term)	unconditional, absolute
esine-ttä-en-itä	object, thing, article
harvinai/nen-sta-sen-sia (≠ *yleinen, tavallinen*)	rare, unusual
hopea-a-n hopeita	silver
huomio-ta-n-ita	attention; observation

ihastu/a-n-i-nut (jhk, jkh) — to be delighted; be captivated, have a crush on

ihme-ttä-en-itä (cp. *ihmeellinen* wonderful) — wonder, miracle

jossa(k)in (*jostakin, johonkin = jonnekin*) — somewhere (from somewhere, to some place)

+ keramiikka-a keramiikan — ceramics

kerä/tä-än-si-nnyt (= *koota*) — to collect, gather

koru-a-n-ja — (piece of) jewelry

+ kuto/a kudon kutoi kutonut — to weave; knit

käsin — by hand

+ lahjoitta/a lahjoitan lahjoitti lahjoittanut — to give, present, donate, contribute

+ lopetta/a lopetan lopett/i-anut (tr.) (cp. *loppua, lakata itr.*) — to finish, end, stop, discontinue

maala/ta-an-si-nnut (cp. *maali* paint, *maalari* painter) — to paint

maalaus — painting, picture

+ maljakko-a maljakon maljakkoja — vase

muotoil/la-en-i-lut — to shape, design; formulate

muotoilu — design

pohjois/mai/nen-sta-sen-sia — Nordic, Scandinavian

pronssi-a-n — bronze

+ puukko-a puukon puukkoja — *puukko* knife

pöytä/liina-a-n-liinoja — table-cloth

ryijy-ä-n-jä — *ryijy* rug (wall decoration)

sorm/us-usta-uksen-uksia — ring

tarkoit/us-usta-uksen-uksia — meaning, purpose, end; intention

tina-a-n tinoja — tin, pewter

tuliai/nen-sta-sen-sia — (home-coming) present

+ tunne-tta tunteen tunteita — feeling, emotion; sensation

useimmiten — most often, mostly

+ vati-a vadin vateja (cp. *tee/vati* saucer) — dish, platter; basin

+ veljen/tytär, sisaren/tytär — niece

+ veljen/poika, sisaren/poika — nephew

ympäröi/dä-n ympäröi-nyt (jtk) — to surround

Sanontoja:

+ ottaa huomioon — to take into account, consider

mitä ihmettä — what on earth

tulla mieleen — to come to one's mind, occur

MISTÄ SUOMALAISET ELÄVÄT

Bob Adams, Pentti Oran tuttavien poika, oli saapunut Suomeen ja asui, kuten sovittu, Kotilaisella. Hän oli viettänyt pari viikkoa tutustuen Helsinkiin, kävellen keskikaupungilla, käyden museoissa ja niin edelleen. Eräänä iltana Pentti Ora soitti hänelle.

— Sinä sanoit viime kerralla meillä käydessäsi, että haluaisit vierailla suomalaisessa maalaistalossa. Huomenna pääsisit mukaan, tuli matka sukulaistaloon ja autoon mahtuu. — Ettäkö voit lähteä? Mainiota, minä tulen hakemaan sinua puolenpäivän jälkeen.

Heidän ajaessaan pohjoiseen päin Bob kysyi:

— Vieläkö maatalous on Suomen pääelinkeino?

— Ei enää. Tällä vuosisadalla, varsinkin toisesta maailmansodasta lähtien, Suomi on jatkuvasti teollistunut. Meillä, kuten muissakin kehittyneissä maissa, teollisuus, kauppa ja erilaiset palvelut ovat tärkeimmät elinkeinot. Kaikesta päättäen niiden merkitys tulevaisuudessa yhä kasvaa.

Puu kulkee tehtaisiin sekä maanteitse että vesitse, uittamalla. Maailmanmarkkinoille se lähtee enimmäkseen paperina ja selluloosana.

Helsinki ympäristöineen oli jäänyt taakse. Katsellessaan ympärilleen Bob näki tien molemmin puolin metsää. Sitten tuli kylä taloineen ja peltoineen ja sitten taas metsää.

— Suomessa on paljon metsää.

— Ja vettä. Suomea ei turhaan kutsuta tuhansien järvien maaksi, meillä on ainakin 60 000 järveä. Suomen koko pinta-alasta noin kymmenesosa on vettä, järviä ja jokia. Metsää on 65 %, suurempi määrä kuin missään muussa Euroopan maassa.

— Ketkä omistavat metsän, valtio vai yksityiset?

— Valtiokin on suuri metsänomistaja, mutta suurin osa metsistä kuuluu yksityisille maanviljelijöille. Metsätalous on tärkeä osa maataloittamme. — Näetkö tuon tehtaanpiipun tuolla järven toisella puolella? Siellä on paperitehdas. Yhtiöt ostavat näistä metsistä raaka-aineekseen puuta: mäntyä, kuusta ja koivua. Suomi on maailman huomattavimpia paperintuottajia. Puusta valmistetaan myös huonekaluja, tulitikkuja ja monenlaisia muita tuotteita sekä kotimaan kulutusta että vientiä varten.

— Metsä on Suomen vihreä kulta, jokainenhan sen tietää.

— Aivan. Se on yhä meidän suurin rikkautemme. Suomeltahan puuttuu luonnonvaroja, meillä ei ole öljyä eikä hiiltä eikä riittävästi vesivoimaakaan. Melko suuri osa energiasta saadaan ydinvoimaloista. Maan huomattava metalliteollisuus joutuu tuomaan pääosan raaka-aineestaan ulkomailta. Suomi ostaa siis terästä, öljyä, maakaasua ja autoja — ja myy paperikoneita, televisioita, traktoreita, jäänmurtajia

Suomi on maailman johtava jäänmurtajien tuottaja

ja muita laivoja, mainitakseni vain pari esimerkkiä. Eniten me käymme kauppaa Neuvostoliiton, Ruotsin, Saksan liittotasavallan ja Ison-Britannian kanssa, mutta Suomella on kauppasuhteita myös Yhdysvaltoihin, Japaniin, kehitysmaihin, lyhyesti sanoen joka puolelle maailmaa.

— Ovatko Suomen maatilat yleensä suuria vai pieniä?

— Yleensä ne ovat pientiloja. Suurtiloja on maassamme vähän.

— Mitä maanviljelijät viljelevät pelloissaan?

— Viljaa — ruista, kauraa, ohraa, vehnää — heinää ja aika paljon perunaa, sitten myös vihanneksia, marjoja ja muuta semmoista. Karjanhoitoon erikoistuneet tilat taas tuottavat maitoa, lihaa ja munia, ja niillä pidetään lehmiä, sikoja, lampaita tai kanoja.

— Ja hevosia.

— Enemmänkin näitä nykyajan hevosia, traktoreita.

Keskustellessa aika kului nopeasti. Kohta käännyttiin sivutielle ja sitten Aholan talon pihaan. Aholan isäntä perheineen tuli vieraitaan vastaan.

Vanha maalaistalo järvialueen maisemassa: paljon metsää ja paljon vettä

mahtua
Bussiin mahtuu 40 matkustajaa (= bussissa on tilaa 40 matkusta-
jalle).

milloin?
tällä vuosisadalla = 1900-luvulla (lue: tuhatyhdeksänsataa-)
= 20. vuosisadalla (lue: kahdennellakymmenennellä ...)
1980-luvulla (80-luvulla)

kehitysmaa ≠ kehittynyt maa l. teollisuusmaa

tuottaa — tuottaja — tuotanto; **kuluttaa** — kuluttaja — kulutus

metalleja: kulta, hopea, platina, kupari, pronssi, rauta, teräs, tina,
lyijy, sinkki, alumiini

mennä vastaan ≠ saattaa
Vieraat saapuvat, mennään heitä vastaan!
Kuka menee tätiä vastaan asemalle?

Vieraat lähtevät, saatamme heidät ovelle tai autolle.
Saanko saattaa sinut kotiin?

Kielioppia

1. "tehdessä", "tehden" — second infinitive
The second-infinitive characteristic is -e-.

Structure:

(*tehd/ä* →) tehd/e/ssä, tehd/e/n
(*saapu/a* →) saapu/e/ssa, saapu/e/n

If the verb ends in **-ea** (-eä), the -e- changes to -i-:

(*luke/a* →) luki/e/ssa, luki/e/n

I. tehdessä while doing, when doing
Examples:

a)

Isoäidin tehdessä käsityötä isoisä luki hänelle ääneen.	While Grandmother was doing needlework, Grandfather read aloud for her.
(= Kun isoäiti teki, ...)	
Syksyn saapuessa ilma alkaa kylmetä.	When autumn arrives, the weather starts getting colder.
(= Kun syksy saapuu, ...)	
Äidin lukiessa lapset kuuntelivat.	When Mother read, the children listened to her.
(= Kun äiti luki, ...)	

b)

Lukiessa aika lentää.	When you read, time flies.
(= Kun lukee, ...)	

c)

Syödessämme päivällistä (or *päivällistä syödessämme*) *keskustelemme päivän tapahtumista.*	When having dinner, we discuss the events of the day.
(= Kun syömme päivällistä, ...)	
Hänen lukiessaan lapset kuuntelivat.	When she read, the children listened to her.
(= Kun hän luki, ...)	
Lukiessaan hän unohti kaiken muun.	When reading, she forgot about everything else.
(= Kun hän luki, hän ...)	

The examples illustrate the temporal construction* which may replace a **kun** clause according to the following rules:

1. The **kun** clause must be affirmative.
2. The action of the **kun** clause and that of the main sentence must be simultaneous (**kun** = sillä aikaa kun "while").
3. The subject and predicate of the **kun** clause are expressed as follows:

a)   *Kun äiti   lukee,* | *lapset kuuntelevat.*
       ↓   ↓
     Äidi/n luki/e/ssa

b) In an impersonal sentence, there is no genitive:
   kun lukee → luki/e/ssa

c) If the subject is a personal pronoun, a possessive suffix follows:
   kun luen → luki/e/ssa/ni

---

*temporaalirakenne

Note.

Kun hän   luki, | *toiset kuuntelivat.*
     ↓   ↓
Hänen luki/e/ssa/an |

but:

                  same subj.

Kun hän   *luki,* | *hän unohti kaiken muun.*
              ↓
         Luki/e/ssa/an |

4. Short qualifiers may precede the verb in the temporal construction; cp.

Kotiin tullessani olin väsynyt.	When I came home I was tired.
Tullessani kotiin pitkän päivätyön jälkeen olen väsynyt.	When I come home after a long day's work, I'm tired.

5. The temporal construction is largely limited to written language. However, short expressions like *työhön mennessä, kotiin tullessa, lomalla ollessa, sairaana ollessa, ostoksilla käydessä* etc. are not uncommon in speech.
6. No comma is used to separate the temporal construction from the main sentence.

Note. Impersonal verbs with a genitive subject (*minun täytyy, pitää* etc.) and *olla* "to have" cannot be used in the temporal construction.

Idiomatic expressions: *tähän mennessä* by this time, up to the present, so far; *sateen sattuessa* in case of rain; *tarpeen vaatiessa* if necessary, in case of need.

"tehtäessä" — temporal construction in the passive

Peseydyttäessä tarvitaan vettä ja saippuaa.	When people wash, they need water and soap.
(= *Kun peseydytään, ...*)	
Tätä työtä tehtäessä täytyy olla hyvä valaistus.	When doing this work, there must be good light.
(= *Kun tätä työtä tehdään, ...*)	

Structure:

(*peseydy/tään* →) *peseydy/ttä/essä*
(*teh/dään* →)   *teh/tä/essä*

(More about temporal constructions in 15:1.)

II. tehden doing

Examples:

Vietin päivän hiihtäen, leväten ja lukien.	I spent the day skiing, resting, and reading.
Pojat tulivat juosten.	The boys came running.
Elä elämäsi hymyillen!	Go through life smiling!

This form is used to describe in what manner the action of the predicate verb is performed. It is largely limited to written Finnish.

Idiomatic expressions:

siitä lähtien from that time on, ever since; *suoraan sanoen* frankly speaking, *toisin sanoen* in other words; *kaikesta päättäen* apparently, evidently: *mennen tullen* on the way there and back; *näin ollen* consequently, this being the case; *kaikkien nähden / kaikkien kuullen* in front of all

2. The comitative case

Herra Eero Kauhanen perhei/ne/en.	Mr. Eero Kauhanen and family.
Savonlinna ympäristöi/ne/en on kaunis.	Savonlinna and its surroundings are beautiful.
Te ystävi/ne/nne, me ystävine/mme, kaikki ovat tervetulleita.	You with your friends, we with ours, everybody is welcome.

The comitative, a case mainly limited to written Finnish, expresses belonging to the same entity or being accompanied by something or someone.

The comitative only has the plural form, which is used even when referring to one person or thing.

Structure:

	ending	poss.suffix
(ystävä, ystävi/ä) ystävi +	ne	+ *ni (si, mme* etc.)
(kirja, kirjoj/a) kirjoi +	ne	+ *en/nsa*

The possessive suffix must always be there, except with adjectives:

hyvi/ne ystävi/ne/nne	with your good friends
suuri/ne perhei/ne/en	with his large family

Sanasto

elin/keino-a-n-ja	source of livelihood, industry
heinä-ä-n heiniä	hay; grass
hiili hiiltä hiilen hiiliä	coal; carbon
huomattava-a-n huomattavia	considerable, remarkable
+ isäntä-ä isännän isäntiä	master; farmer; landlord; host
+ emäntä	housewife; farmer's wife; landlady; hostess
jään/murtaja-a-n-murtajia	icebreaker
karja-a-n karjoja	cattle
+ karjan/hoito	animal husbandry, dairy farming
kaura-a-n kauroja	oats
kehitys/maa (*kehitys* progress, development)	developing country
koivu-a-n-ja	birch
kulu/a-n-i-nut (itr.)	to pass (of time); wear off; be consumed
(*kuluttaa* tr.)	
kulut/us-usta-uksen-uksia	consumption
+ liitto-a liiton liittoja	union, league, (con-)federation
luonnon/varat-varoja	natural resources
maa/kaasu-a-n	natural gas
maan/viljeli/jä-jää-jän-jöitä	farmer
maan/viljely (cp. *viljellä*)	farming, agriculture
+ maa/talo/us-utta-uden	farming, agriculture
(maa)tila-a-n-tiloja	farm
+ mahtu/a mahdun mahtui mahtunut (jhk)	to go in, fit; have room for, hold
mainio-ta-n-ita	fine, splendid, excellent
maini/ta-tsen-tsi-nnut	to mention
+ metsä/talo/us-utta-uden	forestry
+ mänty-ä männyn mäntyjä	pine
määrä-ä-n määriä	quantity, amount, number, extent
ohra-a-n ohria	barley
omista/a-n omist/i-anut	to own, possess, have
+ pelto-a pellon peltoja	field, cultivated ground
+ piippu-a piipun piippuja	pipe; chimney
(pinta-)ala-a-n-aloja	area, acreage
(*pinta* surface)	
raaka-aine-tta-en-ita	raw material
+ rikka/us-utta-uden-uksia	riches, wealth
+ ruis-ta rukiin rukiita	rye
sivu-a-n-ja	page; side
+ tasa/valta-a-vallan-valtoja	republic

teollistu/a-n-i-nut (itr.)	to be(come) industrialized
teräs-tä teräksen	steel
+ tulevais/uus-uutta-uuden	future
(≠ *menneisyys*)	
+ tuli/tikku-a-tikun-tikkuja	match ("fire-stick")
+ tuote-tta tuotteen tuotteita	product, produce
+ tuotanto-a tuotannon	production, output
turhaan (adj. *turha*)	in vain, unnecessarily
vehnä-ä-n vehniä	wheat
+ vienti-ä viennin (≠ *tuonti*)	export(s)
vilja-a-n viljoja	grain, corn
+ vuosi/sata-a-sadan-satoja	century
ydin/voimala-a-n-voimaloita	nuclear (atomic) power plant
(= *atomi/voimala*)	
yhtiö-tä-n-itä	company, corporation
yksityi/nen-stä-sen-siä	private; private person

Sanontoja:

kaikesta päättäen	apparently, evidently ("judging from everything")
lyhyesti sanoen	briefly, in brief, in short
molemmin puolin	on both sides; mutually
tulla vastaan (jkta)	to (come and) meet somebody

4

BOB KÄY SAUNASSA

Ahola oli pieni, mutta hyvin hoidettu tila kauniin järven rannalla. Vieraiden syötyä päivällistä, katseltua taloa ja peltoja sekä tutustuttua emännän puutarhaan isäntä tuli kutsumaan heitä saunaan.

— Miehet kylpevät ensin. Uskaltaako tämä amerikkalainen vieraammekin lähteä saunaan? hän kysyi hymyillen.

— Totta kai!

— Oletko sinä ennen kylpenyt saunassa?

— En. Kyllä minä tiedän, että se kuuluu asiaan Suomessa, mutta on ollut niin paljon muuta ohjelmaa.

— No, nyt sinulla onkin sitten tilaisuus tutustua oikeaan maalaissaunaan. Ei kaupunkisaunoista ole mihinkään siihen verrattuna.

— Pitää muuten paikkansa, todisti Pentti Ora. — Eihän niissä ole edes saunan tuoksua!

Pukuhuoneessa olivat valmiina pyyheliinat ja vihdat. Riisuttuaan vaatteensa kaikki astuivat sisään saunaan. Vasemmalla oli kiuas, tuo merkillinen kuuma kivikasa, ja takaseinällä lauteet.

Istuuduttiin siis lauteille. Hengittäminen tuntui aluksi vaikealta, mutta kuumuuteen tottui vähitellen. Mittari osoitti lähes yhdeksääkymmentä astetta — uskomatonta, ellei Bob olisi nähnyt sitä omin silmin.

Sauna rakennetaan mikäli mahdollista lähelle vettä

Isännän heitettyä löylyä kukin otti vihdan. Myös Bob, muiden esimerkkiä seuraten, tarttui molemmin käsin vihtaansa ja löi itsensä tulipunaiseksi. Sen jälkeen hypättiin järveen ja uitiin. Uituaan kylpijät palasivat saunaan peseytymään ja lopuksi vielä järven viileään veteen. Koko kylpy uinteineen kesti vähän toista tuntia.

— No, mitäs sanot saunasta? isäntä kysyi.

— Suurenmoinen elämys, Bob sanoi. Minä olen kuin uusi ihminen. Näin puhdas sisältä ja päältä en ole varmaan ikinä ollut! Mutta kova jano minulla on.

— Minäpä haen pukuhuoneesta juotavaa.

Isäntä ja vieraat istuivat vielä hetken maisemaa katsellen. Järvi oli tyyni. Yksinäinen mies istui veneessään lähellä saaren rantaa ja onki. Luonnossa vallitsi rauha. Niin myös heissä kolmessa. Olo tuntui kevyeltä ja rentoutuneelta, kaikenlainen jännitys ja stressi oli kadonnut.

— No niin, nyt sinä olet käynyt ensi kertaa saunassa, sanoi Pentti Ora.

— Mutta en viimeistä, vastasi Bob.

Lauteilla istutaan tai maataan. Vasemmalla kiuas.

Aholan perhe
Kaitajärvi

Helsinki 16.7.19..

Hyvät ystävät!

Sydämelliset kiitokset teille kaikille siitä, että sain vierailla kodissanne viime torstaina! Olin ensi kertaa suomalaisessa maalaistalossa, ja minusta oli tavattoman mielenkiintoista tutustua sen elämään ja asukkaisiin. Pidin erikoisesti siitä, että kodissanne oli säilytetty niin paljon vanhaa, ja ihailin kauniita kotikutoisia tekstiilejänne. Kotona leivottu leipä ja hämäläiset ruuat maistuivat myös mainioilta.
Ehkä parasta oli sittenkin sauna. Nautin siitä todella, enkä varmaan koskaan unohda saunan jälkeistä tunnelmaa kauniin järvenne rannalla. Olen kasvanut suurkaupungissa, ja sellainen luonnonrauha on minulle aivan uusi kokemus.
Vielä kerran kiitoksia ja hyvää kesän jatkoa teille kaikille!

Parhain terveisin
Bob Adams

verrata — verrattuna
Nuoruutta verrataan usein kevääseen ja vanhuutta syksyyn.
Isäänsä verrattuna Ville on pitkä.

kumpikin — kukin — jokainen
(ryhmässä on 2) **Kumpikin** (meistä) maksaa 30,—
(ryhmässä on enemmän) **Kukin** t. **jokainen** (meistä) maksaa 30,—
(ei rajallista ryhmää) **Jokainen** on oman onnensa seppä.

"toista tuntia"
Kokous kesti (vähän) toista tuntia (= vähän yli tunnin).
Olin Tampereella kolmatta viikkoa (= yli kaksi viikkoa).
Kirja maksaa toista sataa markkaa (= yli 100 markkaa).

olo — olot
Minulla on hyvä, paha olo (= minulla t. minun on hyvä, paha olla).
Ulkona olo (= oleminen) tekisi sinulle hyvää.
Olot ovat muuttuneet viime vuosina; sairaala- ja kouluolot ovat parantuneet, mutta asunto-oloissa on vielä korjaamista.

vaikuttaa — vaikutus — vaikutelma
Millä tavalla tämä lääke on vaikuttanut yskääsi?
Televisiolla on passivoiva vaikutus katsojaan.
Millaisia vaikutelmia sinulla on matkaltasi?

131

Hei Risto,
Täällä menee oikein mukavasti. Asun kivassa
perheessä, joka on auttanut minua kaikin tavoin.
Eilen Pentti Ora valmisti minulle hauskan yllätyk-
sen viemällä minut oikeaan suomalaiseen maalais-
saunaan. Haluaisin väittää, että suomalaiset
saavat juuri saunasta sen kuuluisan sisunsa!
— Kiitoksia vielä kerran neuvoistasi, joista on
usein ollut minulle apua ja hyötyä. Toivottavasti
viihdyt siellä yhtä hyvin kuin minä täällä. Olisi
mukava kuulla Sinunkin vaikutelmistasi.

Terveisin Bob

P.S. Älä luule, että kirjoitan jo näin hyvin
suomea. Pentti Ora on ystävällisesti korjannut
tekemäni virheet.

Mr. Risto Tammela

....

....

New York

132

Kielioppia

1. "tehtyä" — after doing, having done

a)

Äidin kerrottua iltasadun lapset nukahtivat.
(= *Kun äiti oli kertonut, ...*)

After Mother had told them a goodnight story, the children fell asleep.

Syksyn tultua lehdet putoavat puista.
(= *Kun syksy on tullut, ...*)

When autumn has arrived, leaves fall off the trees.

Ihmisten valitettua asiasta tilanne korjautui.
(= *Kun ihmiset olivat valittaneet, ...*)

After people had complained about the matter, the situation improved.

b)

Syötyä on hyvä lähteä pienelle kävelylle.
(= *Kun on syöty, ...*)

After a meal it is good to take a little walk.

c)

Tultuamme työstä (or työstä tultuamme) menimme uimaan.
(= *Kun olimme tulleet, ...*)

After coming home from work, we went swimming.

Hänen kerrottuaan iltasadun lapset nukahtivat.
(= *Kun hän oli kertonut, ...*)

After she had told them a goodnight story, the children fell asleep.

Kuultuaan sadun lapset nukahtivat.
(= *Kun lapset olivat kuulleet sadun, he nukahtivat.*)

After hearing the story the children fell asleep.

In these examples, too, the **kun** clause has been replaced by a temporal construction. This time, however, the two actions involved are successive, not simultaneous as in 14:1.

1. The action of the **kun** clause must have taken place earlier than that of the main sentence (**kun** means "sen jälkeen kun", "after").
2. The **kun** clause must be affirmative.

3. The subject and predicate of the **kun** clause are expressed in the new construction as follows:

a) *Kun äiti   oli kertonut sadun,* | *lapset nukahtivat.*
$\qquad\downarrow\qquad\qquad\downarrow$
Äidi/n kerrottu/a   sadun |

b) In an impersonal sentence, there is no genitive:
   Kun on syöty → syöty/ä

c) If the subject is a personal pronoun, a poss. suffix follows:
   kun olimme tulleet → tultu/a/mme

Note.
Kun hän   oli kertonut   sadun, | *lapset nukahtivat.*
$\qquad\downarrow\qquad\qquad\downarrow$
Häne/n   kerrottu/a/an   sadun |

but:

same subject

Kun lapset olivat kuulleet sadun, he nukahtivat.
$\qquad\qquad\qquad\downarrow$
Kuultu/a/an sadun lapset nukahtivat.

4. Short qualifiers may precede the verb in the new construction; cp.

Kotiin tultuani söin.	After coming home I had my meal.
Tultuani kotiin, väsyneenä ja nälkäisenä, söin.	After coming home, tired and hungry, I had my meal.

5. The construction is largely limited to written Finnish.
6. No comma is used to separate the construction from the main sentence.

Note. Impersonal verbs with a genitive subject (*minun täytyy, pitää* etc.) and *olla* "to have" cannot be used in the temporal construction.

2. The instructive case

Näin tapauksen omi/n silmi/n.	I saw the incident with my own eyes.
Oletko tehnyt tämän käsi/n?	Did you make this by hand?
Liisa matkusti Pariisiin suuri/n odotuksi/n.	Liisa went to Paris with great expectations.

The instructive case — mainly limited to written Finnish, except for a few idiomatic expressions — indicates in what way or by what means an action is performed.

The instructive singular, identical in form with the gen. sing., is practically extinct, surviving only in some idioms, e.g. *jala/n* on foot.

Ordinarily, the plural form is used even when referring to one person or thing, e.g. *Hän seisoi paljai/n päi/n.* He stood with his head bared.

Structure of the instructive pl.:

pl.stem   ending

(silmä, silmi/ä)	*silmi*	+	*n*	with (one's) eyes
(jalka, jalkoj/a)	*jaloi*	+	*n*	with feet

Note. No poss. suffix is used with the instructive:

Pekka kuuli sen omi/n korvi/n.   Pekka heard it with his own ears.

Examples of idiomatic usage:

molemmin puolin on both sides; *aamuin (illoin, päivin, öin)* in the morning (etc.); *kaikin puolin* in all respects; *omin käsin* with one's own hands; *kaikin keinoin* in every possible way; *monin tavoin* in many ways, *millä tavoin* in what way; *missä määrin* to what extent.

A large number of old instructives survive in Finnish as adverbs, e.g. *hyvin, oikein, paremmin, nopeimmin, näin* (cp. *nämä: näitä*), *noin* (cp. *nuo: noita*), *niin* (cp. *ne: niitä*).

Sanasto

astu/a-n-i-nut	to step, tread, go; enter
edes (in affirmative context)	at least
ei edes	not even
ell/en-et-ei etc. (= *jollen*)	if not, unless
elä/mys-mystä-myksen-myksiä	experience, (memorable) event
(cp. *kokemus*)	
+ heittä/ä heitän heitt/i-änyt	to throw, cast
heittää löylyä	to throw water on the heated stones to create sauna heat

+ hengittä/ä hengitän hengitt/i-änyt — to breathe
  (cp. *hengitys*)
+ hypä/tä hyppään hyppäsi hypännyt — to jump
  (cp. *hyppy*)
  ikinä (= *koskaan, milloinkaan*) — ever
+ istuutu/a istuudun istuutu/i-nut — to sit down
  jännit/ys-ystä-yksen-yksiä — tension, strain; suspension,
  (cp. *jännittävä*) — excitement, thrill
+ kado/ta katoan katosi kadonnut — to disappear, vanish
  kasa-a-n kasoja — heap, pile, stack, mass
  kevyt-tä kevyen kevyitä — light, lightweight
  (≠ *raskas, painava*)
+ kiu/as-asta kiukaan kiukaita — sauna oven, sauna stove
  kukin kutakin kunkin (no pl.) — each (one) (of more than two)
  (cp. *kumpikin; jokainen*)
+ kuum/uus-uutta-uuden — heat
+ kylpe/ä kylven kylpi kylpenyt — to take a bath
  lauteet lauteita (pl.) — sauna platform, sauna benches
  lyö/dä-n löi lyönyt — to beat, hit, strike
  lähes — close to, nearly, almost
  löyly-ä-n-jä — sauna heat
  merkilli/nen-stä-sen-siä — strange, odd, peculiar
  neuvo-a-n-ja (cp. *neuvoa*) — (a piece of) advice
  olo-a-n-ja — being, existence; stay(ing); state,
    condition; (pl.) conditions,
    circumstances

+ onki/a ongin onki onkinut — to angle, fish
  (*onki* hook and line)
+ osoitta/a osoitan osoitt/i-anut — to show, point, indicate; prove
  puu/tarha-a-n-tarhoja — garden
  pyyhe/liina-a-n-liinoja (= *pyyhe* — towel
  pyyhkeen; pyyhkiä to wipe)
+ rentoutu/a rentoudun rentoutu/i — to relax, be(come) relaxed
  -nut (itr.) (*rento* limp, slack,
  relaxed)
  riisu/a-n-i-nut (≠ *pukea*) (itr. — to undress, strip
  riisuutua)
  sisu-a-n (cp. *sisukas*) — perseverance, stamina, guts
  suuren/moi/nen (pronounce — grand, great, splendid, magnificent
  suuremmoinen) -sta-sen-sia
  sydämelli/nen-stä-sen-siä — hearty, cordial, warm
+ säilyttä/ä säilytän säilytt/i-änyt — to keep, retain, maintain, preserve
+ tarttu/a tartun tarttu/i-nut (jhk) — to grasp, seize
+ tava/ton-tonta-ttoman-ttomia — extraordinary, extreme

+ tilais/uus-uutta-uuden-uuksia   opportunity, chance, occasion
   todista/a-n todist/i-anut   to prove, witness, testify; certify
   tuoksu-a-n-ja (cp. *tuoksua*)   odor, scent, fragrance, aroma
   tyyni tyyntä tyynen tyyniä   calm, quiet, tranquil
     Tyyni/meri   Pacific Ocean
+ uskalta/a uskallan uskalsi   to dare, have the courage to
   uskaltanut (tehdä)
+ uskoma/ton-tonta-ttoman-ttomia   incredible, unbelievable
   vaikutel/ma-maa-man-mia   impression
   valli/ta-tsen-tsi-nnut   to dominate, rule, reign;
     predominate, prevail; there is

+ verra/ta vertaan vertasi verrannut   to compare
    (jhk)
    vrt. (= *vertaa!*)   cp.
    (jhk) verrattuna   in comparison with, compared
     with, to
+ vihta-a vihdan vihtoja (= *vasta*)   bath whisk, sauna whisk (made of
     birch twigs with leaves on)
   viileä-(t)ä-n viileitä   cool
   virhe-ttä-en-itä   mistake, error
+ väittä/ä väitän väitt/i-änyt (*väite*   to claim, state, say, maintain, insist
   statement, claim)
   yksinäi/nen-stä-sen-siä   lonely, solitary
   yllät/ys-ystä-yksen-yksiä   surprise

Sanontoja:
   kuulu/a asiaan   to be to the point, be the thing to do
     asiaan/kuuluva   relevant, pertinent, proper, due
+ pitää paikkansa   to be true, hold good

PARI HÖLMÖLÄISTARINAA

Olipa kerran Hölmölä-niminen kylä, jossa asuivat hölmöläiset. Heidän suuresta tyhmyydestään on olemassa paljon tarinoita. Luulisinpa kaikkien suomalaisten tuntevan joitakin hölmöläisjuttuja. Oletko sinä koskaan kuullut kenenkään kertovan sellaisia? Seuraavassa niitä tulee kaksi.

Kerran hölmöläiset päättivät rakentaa talon. He työskentelivät ahkerasti, sillä heillä oli tarmoa, vaikka ei järkeä, ja saivat talon pian valmiiksi. Se oli kuitenkin aivan pimeä, sillä he olivat unohtaneet tehdä seiniin ikkunat. Joku keksi silloin hyvän keinon: valoa voitaisiin tuoda sisään säkillä. Toinen huomautti tähän, että samalla säkillä voitaisiin ulos mennessä kuljettaa pois pimeyttä, sehän nopeuttaisi työtä puolella.

Tuumasta toimeen. Kokonaisen viikon ajan, aamusta iltaan, kylän väki kantoi valoa sisään ja pimeyttä ulos. Mutta ihme ja kumma, tupa ei muuttunut yhtään valoisammaksi. Kaikki ihmettelivät tätä suuresti.

Samassa hölmöläiset näkivät viisaan Matin kulkevan ohi. He muistivat Matin ennenkin auttaneen heitä ja kysyivät häneltä neuvoa. Matti oli tälläkin kertaa valmis auttamaan. Hän otti kirveen ja hakkasi seinään aukon. Huomatessaan, miten valoisaksi tupa tuli, hölmöläiset ihastuivat niin kovin, että hakkasivat pois koko seinän, sitten toisen — mutta heidän kolmatta seinää hakatessaan koko talo hajosi.

Kerran taas tuli erääseen Hölmölän taloon mies, joka pyysi asuntoa yöksi. Isäntä sanoi, että mies voisi yöpyä riihessä. Hän vain arveli siellä olevan niin paljon hiiriä, että nukkuja tuskin saisi yörauhaa. Miehellä sattui kuitenkin olemaan mukana kissa, ja tämä tappoi hiiriä, kunnes niitä vähän ajan päästä makasi lattialla kuolleena iso joukko, ja mies sai nukkua rauhassa koko yön.

Aamulla, nähtyään kuolleet hiiret, isäntä tiedusteli innokkaasti, mikä tämä ihmeellinen harmaa eläin oli ja olisiko se myytävänä. Mies oli kovin hämmästynyt siitä, ettei kylässä tunnettu kissaa. Hän selitti sen olevan hiirikoira ja ilmoitti sen maksavan oman painonsa hopeaa. No, isäntä naapureineen maksoi pyydetyn hinnan, ja mies lähti tiehensä nopeasti, ennen kuin ostajat ehtisivät katua kauppaansa.

Vasta silloin hölmöläiset muistivat, ettei kukaan ollut kysynyt, millaista ruokaa hiirikoiralle piti antaa. Lähetettiin siis kiireesti Pekka miehen jälkeen. Kun mies näki Pekan lähestyvän, hän pelkäsi hölmöläisten vaativan kissan hintaa takaisin ja lähti juoksemaan pakoon.

Mitä enemmän Pekka yritti saada häntä kiinni, sitä kovempaa hän juoksi. Kun Pekka huomasi jäävänsä jälkeen, hän huusi miehelle kaukaa: "Mitä hiirikoira syö?" — "Hiiriä se tahtoo", mies vastasi. Mutta Pekka luuli hänen sanoneen: "Miehiä se tahtoo", ja palasi kertomaan toisillekin, millaiseen vaaraan he nyt olivat joutuneet.

Liian myöhään hölmöläiset ymmärsivät tehneensä huonon kaupan. He keskustelivat asiasta pitkän aikaa ja päättivät lopulta, ettei ollut muuta keinoa kuin tappaa tämä kallis hiirikoira, joka sillä tavoin uhkasi kylän miesten henkeä.

Mutta silloin huomattiin kissan kadonneen. Se oli hypännyt lähimmän talon katolle eikä tullut alas, vaikka kuinka kutsuttiin. Vihdoin hölmöläisten täytyi polttaa koko talo. Kissa hyppäsi kuitenkin viime hetkessä seuraavan talon katolle, ja niin edelleen, kunnes koko kylä oli poltettu. Silloin hölmöläisten täytyi muuttaa pois Hölmölästä. Ja kuten kai olet huomannut, heitä ja heidän sukulaisiaan asuu nykyisin kaikkialla — meidänkin kylässämme.

kysyä, tiedustella, pyytää
Kysyimme is**ältä** neuvoa.
Tiedustelkaa asia**a** johtaj**alta**.
Pyydä Pek**alta** markka.
Pyydä Pekk**aa** läht**emään** mukaan.

tehdä suure(mma)ksi jne.	**tulla suure(mma)ksi jne.**
(trans.)	(intrans.)
suurentaa	suurentua
hidastaa	hidastua
nopeuttaa	nopeutua
vilkastuttaa	vilkastua

se joka he who, the person who, anyone who
ne jotka those who, people who
Se, joka niin väittää, valehtelee.
Ne, joita rakastan, ovat kaukana täältä.
Sen, jolla on paljon, olisi annettava niille, joilla on vähän.

se mikä that which, what
Se, mikä kiinnostaa sinua, saattaa ikävystyttää muita.
Voiko luottaa siihen, mitä hän on luvannut?

se että the fact that ...
Se, että kirjoitit, oli miellyttävä yllätys.
Olen iloinen siitä, että voin olla avuksi.

se + other clauses
Kaikki riippuu siitä, onko meillä tarpeeksi aikaa.
On vielä kaksi tuntia siihen, kun vuosi vaihtuu.
Näyttää siltä, kuin kevät olisi myöhässä tänä vuonna.

Kielioppia

1. Participles as substitutes for "että" clauses (participial construction)*

a)

Luulen Paavon olevan ulkomailla.	I believe Paavo is abroad.
(= Luulen, että Paavo on ...)	
Joku kertoi hänen palaavan ensi viikolla.	Somebody told us he'll be back next week.
(= Joku kertoi, että hän palaa ...)	
Toivomme kaikkien lähtevän mukaan.	We hope everybody will come along.
(= Toivomme, että kaikki lähtevät ...)	
Näin sinun pyöräilevän eilen Keskuspuistossa.	I saw you biking yesterday in Central Park.
(= Näin, että pyöräilit ...)	

b)

Arvelen Paavon palanneen jo.	I presume Paavo has returned already.
(= Arvelen, että Paavo on jo palannut.)	
Totesimme kaikkien lähteneen.	We found that everybody had left.
(= Totesimme, että kaikki olivat lähteneet.)	
Joku väitti sinun pyöräilleen eilen Keskuspuistossa.	Somebody insisted that you had been biking yesterday in Central Park.
(= Joku väitti, että sinä olit pyöräillyt ...)	

It is possible to replace an **että** clause by a participial construction.

1. The **että** clause must be affirmative.

2. The main sentence must have a verb denoting *saying, thinking,* or *noticing* something. Examples of such verbs:

ajatella	*kertoa*	*käsittää*	*sanoa*
epäillä	*kirjoittaa*	*luulla*	*tajuta*
haluta	*kuulla*	*nähdä*	*tietää*
huomata	*kuvitella*	*pelätä*	*todeta*
ilmoittaa			

---

*partisiippirakenne

3. The subject and predicate of the **että** clause are expressed in the new construction as follows:

a) If the action of the **että** clause is simultaneous or later than that of the main sentence:
luulen, että hän   palaa
         ↓   ↓

    luulen   häne/n palaava/n (present participle)

b) If the action of the **että** clause is earlier than that of the main sentence:
luulen, että hän   on palannut
         ↓   ↓

    luulen   häne/n palannee/n (past participle)

However, if the subject of the **että** clause is identical with that of the main sentence, the subject is expressed only with a possessive suffix (no genitive!):

Tiedän oleva/ni oikeassa.	I know I'm right.
(= *Tiedän, että olen* ...)	
Hän väittää ollee/nsa oikeassa.	He insists that he was right.
(= *Hän väittää, että hän oli* ...)	

A partitive subject will stay in the partitive also in the participial construction:

Mies selitti riihessä oleva/n hiiriä.	The man explained that there were
(= *Mies selitti, että riihessä oli*	mice in the barn.
hiiriä.)	

4. No comma is used to separate the participial construction from the main sentence.
5. The participial construction is largely limited to written Finnish.

"tehtävän", **"tehdyn"** — participial construction in passive sentences

If the predicate of the **että** clause is in the passive, passive participles must be used. (Remember that with passive forms, no subject is involved.)

Sinähän tiedät Suomessa	You know, don't you, that a great
puhuttava/n paljon englantia.	deal of English is spoken in Finland.
(= *Tiedät, että Suomessa puhu-*	
taan ...)	
Kyllä, mutta ennen luulen puhutu/n	Yes, I do; but I think that earlier
enemmän saksaa.	people used to speak more German.
(= *Luulen, että puhuttiin* ...)	

Note. The participial construction is very common — even in speech — with the verbs **näkyä, näyttää, tuntua** "to seem to" and **kuulua** "to be said to, be supposed to". With these verbs, no genitive is involved.

Kaupunki näyttää (näkyy, tuntuu) nukkuva/n.   The town seems to be asleep.

Virtaset kuuluvat ostanee/n mökin Lapista.   The Virtanens are said to have bought a cottage in Lapland.

2. Comparison of local adverbs

A few of the adverbs which have three different forms — often resembling the local cases and answering the questions **missä, mistä,** and **mihin** (see also FfF 1, 35:2) — have a comparative, some even a superlative form.

	korkealla	*korkealta*	*korkealle*
compar.	*korkeammalla*	*korkeammalta*	*korkeammalle*
superl.	*korkeimmalla*	*korkeimmalta*	*korkeimmalle*

Similarly compared are *matalalla (matalammalla : matalimmalla), syvällä (syvemmällä : syvimmällä)* and, in the comparative only, *keskellä (keskemmällä).*

	täällä, tässä	*täältä, tästä*	*tänne, tähän*
compar.	*tännempänä*	*tännempää*	*tännemmäksi, tännemmäs*

Similarly compared are *tuolla, tuossa (tuonnempana)* and *siellä, siinä (sinnempänä).*

	alhaalla	*alhaalta*	*alas*
compar.	*alempana*	*alempaa*	*alemma/ksi,-s*
superl.	*alimpana*	*alimpaa*	*alimma/ksi,-s*

Similarly compared are *ylhäällä (ylempänä : ylimpänä), sisällä (sisempänä : sisimpänä), lähellä (lähempänä : lähimpänä), kaukana (kauempana : kauimpana), ulkona (ulompana : uloimpana).*

Note. *pohjoisessa, etelässä, idässä* ja *lännessä* have, in addition to their regular comparison (*pohjoisemmassa* etc.), the parallel comparatives *pohjoisempana, etelämpänä, idempänä, lännempänä.* Another parallel expression, which can be used also in the superlative, is *kauempana pohjoisessa, kauimpana idässä* etc.

Note also: The time expressions *keväällä* and *syksyllä* are frequently used in the comparative: *keväämmällä* "lähempänä kevättä; myöhemmin keväällä", *syksymmällä.*

Sanasto

arvel/la-en-i-lut (= *luulla,*
  otaksua)
+ aukko-a aukon aukkoja
hajo/ta-an-si-nnut (itr.) (*hajottaa*
  tr.)
+ haka/ta hakkaan hakkasi
  hakannut
hiiri hiirtä hiiren hiiriä
+ huomautta/a huomautan huo-
  mautt/i-anut (vrt. *huomautus)*
hölmö-ä-n-jä
ihmeelli/nen-stä-sen-siä
kaikkialla *(kaikkial/ta, -lle)*
+ katu/a kadun katu/i-nut (jtk)
keino-a-n-ja
keksi/ä-n keksi-nyt (vrt. *keksintö;*
  keksijä)
kirves-tä kirveen kirveitä
kokonai/nen (= *koko*)
kumma-a-n kummia
  mitä kummaa (= *mitä*
  ihmettä)
+ nopeutta/a nopeutan nopeutt/i
  -anut (tr.) (≠ *hidastaa*)
paino-a-n-ja (vrt. *painaa*)

+ pako-a paon pakoja (vrt. *paeta*)
+ pime/ys-yttä-yden
päästä (postpos. + gen.)
  (= *kuluttua*)
riihi riihtä riihen riihiä
+ säkki-ä säkin säkkejä
+ tappa/a tapan tappoi tappanut
  (vrt. *murhata* to murder)
tarina-a-n tarinoita (vrt. *satu* fairy
  tale)
tarmo-a-n (vrt. *tarmokas*)
+ tupa-a tuvan tupia
tuuma-a-n tuumia (vrt. *tuumia* to
  think, reflect)
+ tyhm/yys-yyttä-yyden-yyksiä (vrt.
  tyhmä)

to think, suppose, believe

opening, hole, gap
to be scattered, break, fall to pieces

to hew, cut, chop

mouse
to remark, point out

fool, foolish
wonderful, miraculous
everywhere
to repent, regret
means, way
to think of, discover, invent

axe
whole, entire, complete
odd, strange, amazing

what on earth, whatever
to speed up, quicken, accelerate

weight, load; stress, accent;
  (printing) press
flight, escape
dark(ness)
after, within (a time)

drying barn, kiln
bag, sack
to kill

tale, story

energy, vigor
cottage; farm-house livingroom
thought, idea, intention; inch

stupidity, foolishness; foolish thing

+ työskennel/lä työskentelen   to work
   työskenteli työskennellyt
+ uha/ta uhkaan uhkasi uhannut   to threaten, menace
   (jkta, jtk)
   vaara-a-n vaaroja   danger, risk
   vihdoin (= *viimein, lopulta*)   finally, at last

Sanontoja:
   juosta pakoon   to escape by running
+ lähteä tiehensä   to go one's way, go away
   mitä (pikemmin) ... sitä (parempi)   the (sooner) ... the (better)
   olla myytävänä   to be for sale
   saada valmiiksi   to get ready, complete, finish
   samassa   at that very moment
   sillä tavoin (= *sillä tavalla*)   that way, in that manner

ELÄKÖÖN SEITSEMÄN VELJESTÄ!

Mary Makinen, Kaija Miettinen ja James Brown ovat käyneet katsomassa Kaupunginteatterin esittämää Seitsemää veljestä.

1. J: Eikö mennä vielä johonkin vähän juttelemaan?
2. M: Nyt on kyllä jo aika myöhä ...
3. J: Olkoon, huomenna on sunnuntai. Ei kai sinua vielä nukuta, mehän joimme kahvia väliajalla.
4. M: Mutta viimeinen bussikin menee kohta.
5. J: Menköön vaan, onhan olemassa takseja. Mitä sinä ajattelet, Kaija?
6. K: Minusta olisi kyllä kiva kuulla vähän teidän vaikutelmistanne. Tarkoitan, jos Marya ei väsytä kovin kovasti.
7. M: Olkoon menneeksi, minä tulen mukaan. Mihin mennään?

■■■

8. K: No niin, mitäs piditte?
9. M: Vastatkoon James ensin. Hän on lukenut kirjan.
10. J: Minä nautin kyllä kovasti tästä illasta. Minä en tietenkään ole mikään teatteriarvostelija, mutta minun mielestäni se oli hyvä esitys.
11. K: Paljonko sinä Mary ymmärsit juonesta?
12. M: Minä en ole lukenut Seitsemää veljestä, en suomeksi enkä edes englanniksi, ja Kiven kieli on tietysti ihan erilaista kuin se kieli, johon minä olen tottunut kotona. Mutta he näyttelivät niin hyvin, että kyllä minä sen perusteella pystyin suurin piirtein ymmärtämään, mistä oli kysymys. Minä voin selostaa teille, jos viitsitte kuunnella. Korjatkaa, jos minä olen käsittänyt jotain väärin.

    Minä luulen, että nämä asiat tapahtuivat joskus viime vuosisadalla Suomen maaseudulla. Päähenkilöt olivat Jukolan talon seitsemän poikaa, jotka olivat jääneet nuorina orvoiksi. Nimiä minä en muista paitsi Juhanin ja Eeron.
13. J: Ne muut olivat ... hetkinen ... Tuomas ja Aapo ... ja Simeoni ... ja Timo ja Lauri.
14. M: Veljekset eivät osanneet lukea, ja se oli suuri häpeä.
15. K: Niin, jokaisen piti oppia lukemaan, muuten ei päässyt rippikouluun. Ja ilman rippikoulua ei päässyt naimisiin.

16. M: Se oli niin hassua: he rakastuivat kaikki samaan nättiin tyttöön, jonka nimi oli Venla, ja lähtivät yhdessä kosimaan häntä. Ja saivat rukkaset. Sitten he päättivät opetella lukemaan, olkoon vaikka kuinka vaikeaa. Mutta sekin yritys epäonnistui, ja he pakenivat suuriin metsiin ja elivät siellä vuosikausia. Lopulta he kuitenkin palasivat kotikyläänsä ja heistä tuli tavallisia kunnon kansalaisia. He oppivat lukemaankin. Nuorin veli oppi ensin ja opetti sitten muutkin.

17. J: Eero oli heistä kaikkein älykkäin. Hän on minun suosikkini.

18. M: Minä pidin eniten vanhimmasta. Juhanissa oli temperamenttia. Oli ihan oikein, että hän sai Venlan.

19. K: Kyllä muutkin veljekset ovat hyviä suomalaistyyppejä, kukin omalla tavallaan. Ihan samoja tyyppejä on nykyajan kaupunkisuomalaisissakin vaikka kuinka paljon.

20. M: Minä innostuin aika lailla tästä näytelmästä. Tekisi mieli ruveta lukemaan suomalaista kirjallisuutta. Mutta Kiven tyyli tuntuu kauhean vaikealta. Ihan niin kuin Kalevalakin. Minä koetin lukea sitä kerran, mutta ei siitä tullut mitään.

21. K: Ei ihme. Se voi olla vaikeaa suomalaisillekin.

22. M: Miten olisi Runeberg? Onhan hän teidän kansallisrunoilijanne.

23. J: Tyttö kulta, Runeberg kirjoitti ruotsiksi. Minä ehdottaisin Sillanpäätä. Hän on ainoa suomalainen kirjailija, joka on saanut Nobelin palkinnon. Tai jos runous kiinnostaa sinua enemmän, lue Eino Leinoa.

24. K: Ei heti klassikkoja, James. Lukekoon Mary ensin nykyproosaa, se on viisainta. Esimerkiksi Mika Waltari ja Väinö Linna ovat kansainvälisestikin tunnettuja kirjailijoita.

25. J: No niin, myönnettäköön, että Waltarin Sinuhe, egyptiläinen kannattaa kyllä lukea. Samoin Linnan Tuntematon sotilas.

26. K: Tai jos haluat tutustua johonkin naiskirjailijaan, kokeile jotain Joenpellon teosta. Hän on hyvä ihmiskuvaaja.

27. M: Onko kaikkia näitä kirjoja, joista te puhutte, saatavissa kirjakaupoista?

28. K: Kirjakaupoista tai kirjastoista. Lähteköön James varmuuden vuoksi sinun mukaasi. Hän tuntee nämä asiat kuin viisi sormeaan.

Aleksis Kivi (1834—1872)

J.L. Runeberg
(1804—1877)

Eino Leino
(1878—1926)

F.E. Sillanpää
(1888—1964)

Mika Waltari
(1908—1979)

Väinö Linna (s. 1920)

Eeva Joenpelto
(s. 1921)

"minua väsyttää"
minua väsyttää (= tunnen olevani väsynyt)
nukuttaako sinua? (= tunnetko olevasi uninen?)
mikä sinua naurattaa? (= mistä syystä haluaisit nauraa?)
minua ei haluta (inf. *haluttaa*) syödä (= minulla ei ole ruokahalua)

viitsiä
Poika on terve ja vahva, mutta ei viitsi tehdä mitään (= on laiska).
Olen väsynyt, en viitsi (= minulla ei ole halua) lähteä elokuviin.
Viitsitkö auttaa minua vähän? (kohtelias pyyntö: "would you
mind ...?") — Totta kai.
Älä viitsi olla enää vihainen! (= ole kiltti, älä ole ...!)

Kirjoita asia muistiin **varmuuden vuoksi**.
Miksi keräät postimerkkejä? **Huvin vuoksi**.
Syödäänkö tänään **vaihteen vuoksi** ulkona?
Vertailun vuoksi mainittakoon, että ...

voida — pystyä — kyetä
Kukaan **ei voi elää** kauan syömättä.
Kukaan **ei pysty elämään** juomatta.
Kukaan **ei kykene elämään** hengittämättä.

Kielioppia

1. More imperative forms

(About the imperative see FfF 1, 30:1 and 33:2.)

a) 1st pers. plural

Rukoil/kaamme!	Let us pray!
Äl/käämme unohtako tämän suur-miehen sanoja!	Let us not forget the words of this great man!

The passive form *tehdään* is normally used in modern Finnish for "let us do". The first person pl. of the imperative is only used in literary Finnish, esp. in a rhetorical style.

Structure:

(teh/dä)   teh/käämme   äl/käämme teh/kö
(vali/ta)   vali/t/kaamme   äl/käämme vali/t/ko

b) 3rd pers. singular and plural

Sing.

Elä/köön vapaus!	Long live liberty!
Jokainen teh/köön velvollisuutensa.	Let everybody do his duty.
Pekka haluaa mennä ulos.	Pekka wants to go out.
— Men/köön vain, mutta äl/köön men/kö yksin rantaan.	— Let him, but he should not go to the beach alone.

Pl.

Kaikki teh/kööt parhaansa.	All should do their best.
Lapset haluavat mennä ulos.	The children want to go out.
— Men/kööt vain, mutta äl/kööt men/kö yksin rantaan.	— Let them, but they should not go to the beach alone.

The third person imperative expresses wish or concession more often than order.

Structure:
(teh/dä)   teh/köön   äl/köön teh/kö
(vali/ta)   vali/t/koot   äl/kööt vali/t/ko

Note.

Vie (viekää, viekäämme) heille tämä viesti.	Take (let us take) them this message.

but:

Joku vieköön heille tämän viestin.	Let somebody take them this message.

With the 3rd pers. imperative, the genitive in the direct object does not change to the nominative, as with the other imperative forms.

c) **Passive imperative**

(kuul/laan)	*Kuul/ta/koon molempia osa-puolia.*	Let both the parties involved be given a hearing.
(tuomi/taan)	*Syyllinen tuomi/tta/koon, syytöntä älköön tuomi/tta/ko.*	The guilty one should be convicted, not the innocent one.

2. Verbs with -ne- ("paeta" verbs)

Vangin onnistui paeta.	The prisoner managed to escape.
Monet pake/ne/vat todellisuutta.	Many people flee reality.
Pae/t/kaa, pato murtuu!	Run, the dam is breaking!

A number of Finnish verbs ending in *vowel* + **ta** (generally -**eta**, -**etä**) in their basic form have the element -**ne**- in their present tense stem (and -**n**- in the past tense). In other respects, these verbs follow the pattern of **haluta** verbs. The -**ne**- verbs are intransitive.

Principal parts:
paeta pakenen pakeni paennut (paetkaa!)

Further examples:
edetä (etenen) to advance, proceed; *ilmetä (ilmenee)* to be evident, appear; *kyetä (kykenen)* to be able; *seljetä (selkenee)* to clear up; *vaieta (vaikenen)* to become silent; *lämmetä (lämpenen)* to get warmer

parantaa — parantua — parata

Most of the -**ne**- verbs are derived from adjectives and express the idea "to become (more) like something" ("translative verbs"), e.g. *paheta (= tulla pahemmaksi)*. They have, as a rule, a parallel synonymous verb of the type *pahentua*. The corresponding transitive verb is *pahentaa (= tehdä pahemmaksi)*.

Examples:

Lääkäri parantaa sairaan.	The doctor cures the patient.
Sairas parantuu/paranee.	The patient is cured (gets well).
Lentoliikenne on lyhentänyt väli-matkoja.	Air traffic has shortened distances.
Välimatkat ovat lyhentyneet/lyhenneet.	Distances have become shorter.

Principal parts for the three verb types are:

parantaa parannan paransi parantanut (transitive)
parantua parannun parantui parantunut | (intransitive)
(parata) paranen parani (parannut) |

The forms in parentheses are rare both in speech and written language.

Similar verbs are, for instance,
(transitive)   (intransitive)
lyhentää   *lyhentyä/lyhetä*
pidentää   *pidentyä/pidetä (pitenen)*
vanhentaa   *vanhentua/vanheta*
vähentää   *vähentyä/vähetä*

3. "kuka, mikä, kumpi tahansa"

kuka tahansa anybody, anyone, no matter who; whoever
mikä tahansa any, anything, no matter what (which); whatever, whichever
kumpi tahansa either of the two, no matter which; whichever of the two

Examples:
a)

Kuka tahansa oppii uimaan.	Anyone can learn to swim.
Nuori mies etsii työtä mitä tahansa.	Young man is looking for any possible work.
Otatko kahvia vai teetä?	Will you have coffee or tea?
Kumpaa tahansa.	Makes no difference.

Synonymous expressions with *vain (vaan)* or *vaikka* are preferred in speech:

Kuka vain (kuka vaan, vaikka kuka)   Anybody will understand this.
käsittää tämän.

Note.
In questions and negative sentences, the Finnish for "any, anybody, anything" is mostly *kukaan, mikään, kumpikaan* (see 1:3, 2:3, 3:3).

b)
Kuka tahansa sen kertoi, valehteli.

Mitä tahansa sanot, en usko sinua enää.

Whoever told you that was telling a lie.
Whatever you say, I don't believe you any longer.

Sanasto

arvostelija-a-n arvostelijoita	critic
epä/onnistu/a-n-i-nut	to fail, not succeed
esit/ys-ystä-yksen-yksiä	presentation; performance
hassu-a-n-ja	silly, foolish; crazy; funny
häpeä-ä-n	shame
+ häve/tä häpe/än-si-nnyt (jtk)	to be ashamed
juoni juonta juonen juonia	plot, scheme, intrigue
+ kannatta/a kannatan kannatt/i -anut (jtk)	to support; pay, be worthwhile
kannatan tätä politiikkaa	I support this policy
näytelmä kannattaa nähdä	the play is worth seeing
kansalai/nen-sta-sen-sia (*kansalai- suus* citizenship)	citizen
kirjailija-a-n kirjailijoita	writer, author
kosi/a-n kosi-nut (jkta)	to propose (marriage)
kuva/ta-an-si-nnut (vrt. *kuvaus*)	to describe, depict, portray
lailla (= *tavalla*):	
aika lailla	a great deal, considerably
tällä lailla	this way, in this manner
+ nukutta/a nukutan nukutt/i-anut	to make sleepy, lull to sleep; anesthesize
minua nukuttaa	I feel sleepy
+ nätti-ä nätin nättejä (puhek.)	pretty
+ orpo-a orvon orpoja	orphan
+ pae/ta pakenen pakeni paennut	to flee, escape
perusteella (postpos. + gen.)	on the basis of, on the account of
+ piirre-ttä piirteen piirteitä	trait, feature
suurin piirtein	in the main, roughly

151

proosa-a-n
prose

pysty/ä-n-i-nyt (jhk, tekemään)
to be able, be capable, can
  (= *voida, kyetä*)

rippi/koulu
confirmation class

rukka/nen-sta-sen-sia
leather mitten
  saada rukkaset
  to be refused (when proposing)

runo-a-n-ja
poem

runoilija-a-n runoilijoita
poet

+ runo/us-utta-uden
poetry

selosta/a-n selost/i-anut (vrt.
to give an account of, report,
  selostus)
  summarize

sormi sormea sormen sormia
finger

sotil/as-asta-aan-aita
soldier

+ suosikki-a suosikin suosikkeja
favorite

te/os-osta-oksen-oksia (vrt. *tehdä:*
work, piece of work, work of art;
  teen)
  book, volume

+ tuntema/ton-tonta-ttoman-ttomia
unknown; stranger
  (≠ *tunnettu, tuttu*)

tyyli-ä-n tyylejä
style

veljes-tä veljeksen veljeksiä
one of brothers

viitsi/ä-n viitsi-nyt (tehdä)
to mind doing, care to do; bother,
  take the trouble; feel like doing

+ väli/aika
interval, intermission, pause

+ väsyttä/ä väsytän väsytt/i-änyt
to tire, make tired, fatigue
  minua väsyttää
  I feel tired

Sanontoja:

kunnon (mies, ruoka etc.)
good, decent, fine, proper

olkoon menneeksi
very well then, all right

olla saatavissa
to be available

+ tehdä mieli
to feel like (having, doing)
  minun tekee mieli uida
  I feel like having a swim
  meidän tekee mieli uutta autoa
  we'd like a new car

varmuuden vuoksi
for safety's sake; to make sure

+ vuosi/kaudet-kausia (vrt. *viikko-,*
for years (and years)
  päiväkaudet)

☆

+ kye/tä kykenen kykeni kyennyt
to be able, can
  (jhk, tekemään)

+ vaie/ta vaikenen vaikeni vaiennut
to be silent; to fall silent

JAMES TUTUSTUU SUOMEN HEIMOIHIN

— Lieneekö maailmassa toista näin homogeenista kansaa, Jamesilla oli tapana ajatella asuessaan ensimmäisiä kuukausiaan Suomessa. Kaikilla ihmisillä näytti olevan siniset tai harmaat silmät, vaalea tai ruskea tukka, vaalea iho ja hiljainen luonne. Kaikki tuntuivat juovan kahvia, kylpevän saunassa, käyvän samanlaisia kouluja, syövän samanlaista ruokaa, pukeutuvan samanlaisiin vaatteisiin. Ei ollut slummeja, ei suuria eroja rikkaiden ja köyhien välillä. Vieläpä maisemastakin puuttuivat suuret korkeuserot. Lieneekö juuri tämä luonnon epädramaattisuus tehnyt ihmisetkin niin tasaisiksi ja rauhallisiksi?

Jamesin asuttua maassa kauemmin, matkusteltua eri puolilla ja varsinkin hänen kielitaitonsa parannuttua niin paljon, että hän kykeni keskustelemaan vapaammin ihmisten kanssa, hänen käsityksensä kuitenkin alkoivat vähitellen muuttua. Ihmiset olivat sittenkin aika erilaisia maan eri osissa. Kerran tästä aiheesta syntyi keskustelua opiskelijakahvilassa, kun samassa pöydässä sattui istumaan nuoria, jotka olivat kotoisin eri puolilta maata ja siten edustivat vanhoja historiallisia "heimoja".

1. James: Minä olin eilen kylässä savolaisen perheen luona ja söin ensi kertaa elämässäni kalakukkoa. Se vasta oli hyvää! Siellä oli muutenkin mukavaa. Kaikki kertoivat mahdottoman hauskoja juttuja, minä nauroin niin että vatsa oli kipeänä.

2. Sirpa: Sinä olet sitten ollut parhaassa mahdollisessa seurassa. Semmoisia me savolaiset juuri olemme: mukavia ihmisiä ja huumorin ystäviä.

3. Hannu: Mutta ette turhan vaatimattomia.

4. Sirpa: Miksikäs meidän pitäisi olla? Kai te kaikki tiedätte, millä tavalla Savo sai asukkaansa?

5. James: En minä ainakaan.

6. Sirpa: Kun suomalaiset aikoinaan saapuivat Suomeen, he tulivat eräänä päivänä tienristeykseen. Siinä oli tienviitta, jossa sanottiin *Savoon*. Kaikki, jotka osasivat lukea, lähtivät sinne päin. Muut jatkoivat matkaa Hämeeseen ja Pohjanmaalle ja Helsinkiin.

7. James: Ha ha!

8. Pekka: Ole sinä James varovainen tämän Sirpan suhteen, savolainen osaa puhua niin että hän saa aina viimeisen sanan.

9. James: Ei hätää, minä olen varovainen kaikkien tyttöjen suhteen. Muuten, mistä päin Suomea te muut olette kotoisin?

10. Hannu: Minä asun Helsingissä. Tuo Kati on karjalainen. Pekka on Pohjanmaalta ja tämä hiljainen Heini Hämeestä.

11. Pekka: Hämäläisten väitetään olevan paitsi hiljaisia myös vähän hitaita. Saanko kertoa teille tyypillisen hämäläisvitsin? Toivottavasti ainakaan James ei ole sitä kuullut.
    Joitakin vuosia sitten televisiossa oli hyvin suosittu lauantai-illan viihdeohjelma. Jonkin ajan kuluttua se täytyi ikävä kyllä lopettaa.

12. James: Minkä tähden?

13. Pekka: Koska hämäläiset nauroivat niin kovasti seuraavana aamuna kirkossa.

14. Muut (paitsi Heini): Ha ha!

15. Heini (hymyilee ja vaikenee).

16. James: Sanopas sinä Kati minkälaisia karjalaiset ovat?

17. Kati: Karjalaiset ovat Suomen etelämaalaisia. Meillä ollaan hyvin seurallisia, meillä järjestetään juhlia, meillä itketään ja nauretaan helpommin kuin muualla. Meillä ollaan köyhempiä ja vähemmän materialistisia kuin Länsi-Suomessa. Meillä koetetaan raskainakin aikoina nähdä asioiden hyvät puolet ja elää iloisesti eteenpäin.

18. Pekka: Tulee mieleen juttu, joka minusta kuvaa hyvin karjalaisten elämänasennetta. Karjalainen perhe menetti viime sodassa kotinsa, joka jäi aivan uuden rajan taakse, ja sai uuden talonpaikan Suomen puolelta, myös ihan läheltä rajaa. Joku valitti isännälle, että olipas teillä huono onni. — Mitä vielä, sanoi isäntä, hyvinhän tässä kävi: päästiin vihdoinkin niistä kauhean kylmistä venäläisistä talvista!

19. Kati: Voisi olla vaikka tosi juttu!

20. James: Onkos tuo Pekka tyypillinen pohjalainen vai ei?

21. Sirpa: No, ainakin hän on pitkä ja komea. Mutta onko sinulla puukko mukana?

22. Pekka: Sirpa tarkoittaa, että pohjalaiset olivat ennen tunnettuja siitä, että he tarttuivat helposti puukkoonsa, varsinkin humalassa. Miesmurhat olivat Pohjanmaalla yleisempiä kuin muualla maassa. Mutta se kuuluu kyllä historiaan.

23. Hannu: Teillä on komeita lauluja näistä puukkosankareista. Niitä muutkin suomalaiset mielellään laulavat, kun istutaan lasin ääressä.

24. Pekka: "Isontalon Antti ja Rannanjärvi
    ne jutteli kahden kesken:
    Tapa sinä Kauhavan ruma vallesmanni[1],
    niin minä nain sen komian[2] lesken."

25. Kati: Kyllä ne ovat erilaisia kuin meidän karjalaiset laulut! Mutta kyllä te nyt taidatte antaa liian kielteisen kuvan pohjalaisista. Kyllä minusta pohjalaisuus on muutakin kuin väkivaltaa.

---

[1]nimismies   [2]komean

26. Pekka: On tietysti. Pohjalainen rakastaa vapautta yli kaiken. Pohjalainen tahtoo nähdä kauas, Pohjanmaalla horisontti on kaukana. Meillä ollaan vähän ylpeitä. Ja liikkuvia. Meiltä on muutettu Amerikkaan asti enemmän kuin muusta Suomesta.
27. Sirpa: Oikeastaan nämä jutut, joita me tässä kerromme sinulle, ovat käymässä ihan vanhanaikaisiksi. Nyt on tullut voimaan uusi helsinkiläisten kehittämä heimojako.
28. James: Ja minkälainen se on?
29. Pekka: Ai, sinä et ole vielä kuullut siitä? Suomessa on nykyisin kaksi heimoa, helsinkiläiset eli hesalaiset ja juntit. Näitä tyhmiä ja hitaita juntteja ovat kaikki suomalaiset, jotka asuvat Kehä 3:n[3] eli "susirajan" pohjoispuolella. Tässä seurassa on siis vain yksi kaunis, viisas ja pätevä ihminen, tuo Hannu, joka asuu Helsingissä.
30. Hannu: Mahtanenko minäkään kelvata, minä olen muuttanut pääkaupunkiin vasta muutama vuosi sitten. Minä taidan pysyä junttina elämäni loppuun asti. Eikä minulla oikeastaan ole mitään sitä vastaan.

matkustaa — matkustella

Liikemies matkusti Japaniin.	Turisti **matkusteli** monessa maassa.	"matkustaa jatkuvasti t. toistuvasti
Tänään ajan torille ostoksille.	Pyhäisin **ajelemme** pitkin maaseutua.	(myös: huvikseen)"

näin — noin — niin
Tee näin (= tällä tavalla)!
Älä tee noin (= tuolla tavalla)!
Enkö minä tehnyt niin (= sillä tavalla) kuin sinäkin?

Miksi sinä tulet **näin myöhään** (so late, as late as this)?
No, älä nyt ole **noin vihainen** (so angry, as angry as that)!

"youth"
Nuoriso (= nuoret) on ihmiskunnan toivo.
Nuoruus (= vähäinen ikä) ja hulluus, vanhuus ja viisaus.
Ville on lupaava nuorukainen.

ymmärtää = käsittää = tajuta
ajatella = harkita = miettiä = tuumia

---

[3]kolmosen (uloin Helsinkiä ympäröivä kehätie)

millä tavoin? (= millä tavalla?)
tällä tavoin, sillä tavoin, monella tavoin
tällä kertaa (= tällä kerralla), sillä kertaa
missä määrin? siinä määrin, jossain määrin

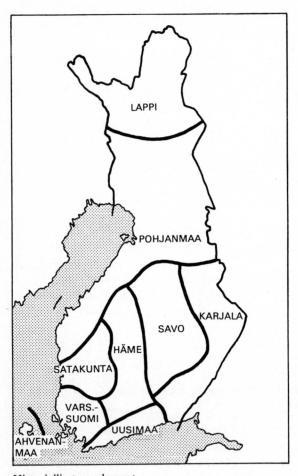

Historialliset maakunnat

Kielioppia

1. Potential mood

Present

Hallitus anta/ne/e lakiesityksen ensi viikolla.	The Government will probably present the bill next week.
Uudistus vaikutta/ne/e jokaiseen veronmaksajaan.	The reform is likely to affect every taxpayer.
Kaikki puolueet eivät hyväksy/ne hallituksen esitystä.	All political parties may not accept the bill.
Ainakin oppositio vastan/ne/e kielteisesti.	At least the opposition may give a negative answer.
Hallitukselle tämä ei tul/le yllätyksenä.	It may not come as a surprise for the Government.

The potential mood presents the action of the verb as possible, likely, or uncertain. Its use is limited to written Finnish.

Structure

The potential marker is -**ne**- which may be modified through assimilation (cp. the changes in the participle suffix -**nut**, -**nyt**: *teh/nyt,* but *tul/lut, sur/rut, nous/sut*).

The most practical way is to form the potential present from the past participle by dropping -**ut** (-**yt**) and adding -**e**-:

(tehn/yt →)	*tehne/n*	I may do
(vastann/ut →)	*vastanne/e*	she may answer
(tull/ut →)	*eivät tull/e*	they may not come

The verb *olla* has an irregular potential present *lie/ne/n, lie/ne/t, lie/ne/e* etc.; the short form *lie* may occur in speech, too.

Mies lienee vielä elossa.	The man may still be alive.
Missä Pekka on? — Missä lie.	Where's Pekka? — Who knows (where he may be).

Perfect

Toimittaja lienee kirjoittanut tämän erehdyksessä.	The editor may have written this by mistake.
Hän ei liene odottanut tällaista reaktiota.	He may not have expected a reaction like this.

Structure:

auxiliary		past participle	
liene/n	+	*tehnyt*	I may have done
eivät liene	+	*tulleet*	they may not have come

Passive potential

Present

(luul/laan)	*Luul/taneen, että ...*	It may be presumed that ...
(odote/taan)	*Tätä reaktiota ei odote/tta/ne.*	This reaction may not be expected.

Perfect	*Lienee luultu ...*	It may have been presumed...
	Tätä reaktiota ei liene odotettu.	This reaction may not have been expected.

In speech — and commonly also in written Finnish — various other expressions are preferred to the potential mood. Examples:

Bensiini kallistunee.	*Bensiini kallistuu luultavasti (mahdollisesti, todennäköisesti, varmaankin, ehkä, kai).*
Ajatuksesi lienee liian optimistinen.	*Ajatuksesi saattaa (voi, taitaa) olla liian optimistinen.*
Tietäneekö tyttö, mitä tekee?	*Mahtaako tyttö tietää, mitä tekee?*

2. Adjectives used as nouns

Finnish adjectives can be, and they frequently are, used as nouns, too. Examples:

Uskon, että hyvä (= hyvyys) lopulta voittaa.	I believe that the good will be victorious in the end.
Kaikki hyödyllinen (= se mikä on hyödyllistä) ei ole kaunista.	All that is useful is not beautiful.
Opimme tänään paljon mielenkiin-toista (= mielenkiintoisia asioita).	We learned today many interesting things.
Nuoret eivät aina ymmärrä vanhoja.	Young people do not always understand old people.
15-vuotias voitti viulukilpailun.	A 15-year old (youngster) won the violin competition.

No prop-word like the English "one" is needed in Finnish:

Tässä on vanha sateenvarjoni; missä uusi on?	Here's my old umbrella; where's the new one?

Note that participles are also frequently used as nouns:

Ouluun matkustavia pyydetään siirtymään koneeseen.
Passengers to Oulu are kindly requested to proceed to the aircraft.

Korsosta tulleet, olkaa hyvä ja näyttäkää matkalippunne.
Passengers from Korso, please show your tickets.

Pidän hyvästä syötävästä.
I enjoy good food.

Voitko suositella minulle hyviä suksia? — Latu Oy:n valmistamat ovat parhaita.
Can you recommend me good skis? — Those by the Latu Co. are among the best.

Sanasto

+ asenne-tta asenteen asenteita — attitude, outlook, approach
asti (= *saakka*) — as far as; until; since
edusta/a-n edust/i-anut (jtk) — to represent, stand for
heimo-a-n-ja — tribe, clan, family
+ horisontti-a-sontin-sontteja — horizon
humala-a-n — hop; state of drunkenness, intoxication

+ hätä-ä hädän hätiä — distress, trouble, need
iho-a-n-ja — skin, complexion
+ jako-a jaon jakoja (vrt. *jakaa*) — division, distribution, dealing out
järjestä/ä-n järjest/i-änyt (vrt. *järjestys* order, *järjestö* organization) — to arrange, organize, put in order
+ kala/kukko-a-kukon-kukkoja — Savo fish pasty
+ kehittä/ä kehitän kehitt/i-änyt (tr.) (*kehittyä* itr.) — to develop, improve, advance
kehä-ä-n kehiä — circle, round, ring (road)
+ kelva/ta kelpaan kelpasi kelvannut — to be good enough, do, fit; be valid
tämä auto kelpaa meille — this car is good enough for us
tämä kala ei kelpaa ruuaksi — this fish is not fit to eat
kieltei/nen (≠ *myönteinen*) — negative
käsit/ys-ystä-yksen-yksiä — idea, notion, opinion, view
leski leskeä lesken leskiä — widow, widower

+mahta/a mahdan mahtoi mahtanut	to be likely to, can, may
mahtaako Liisa olla kotona?	I wonder if L. is at home
minkä sille mahtaa?	what can you do (about it)?
minua itkettää, en mahda sille mitään	I must cry, I can't help it
matkustel/la-en-i-lut	to travel around, travel for pleasure
+menettä/ä menetän menett/i-änyt	to lose, miss
murha-a-n murhia	murder
nai/da-n nai-nut (vrt. *naimisissa ≠ naimaton*)	to marry, wed; (slang) to have sex
oikeastaan	actually, as a matter of fact, really
+pukeutu/a pukeudun pukeutu/i -nut (*pukea* tr.)	to dress (oneself)
pätevä-ä-n päteviä	qualified, competent: valid
rask/as-asta-an-aita (≠ *kevyt*)	heavy, difficult
sankari-a-n sankareita	hero
sittenkin (= *kuitenkin*) (neg. *ei sittenkään*)	still, nevertheless, anyway
suhteen (postpos. + gen.)	regarding, in regard to
+susi sutta suden susia	wolf
tasai/nen-sta-sen-sia	even, level, smooth; placid
(tien)riste/ys-ystä-yksen-yksiä (vrt. *risti* cross)	crossing, crossroads, junction
+(tien)viitta-a-viitan-viittoja (vrt. *viitata* point; refer)	road sign, signpost
turha-a-n turhia	unnecessary, needless, vain
+vaatima/ton-tonta-ttoman-ttomia (vrt. *vaatia*)	modest, simple, undemanding
vanhan/aikai/nen-sta-sen-sia	old-fashioned, out of date
+vapa/us-utta-uden-uksia	freedom, liberty
varovai/nen-sta-sen-sia	careful, cautious
+viihde-ttä viihteen	entertainment
vitsi-ä-n vitsejä	joke
ylpeä-(t)ä-n ylpeitä (jstk)	proud

Sanontoja:

ikävä kyllä (= *valitettavasti*)	unfortunately, regrettably
kahden kesken	in private, by ourselves
mitä vielä! (vielä mitä!)	nothing of the kind, far from it
tulla (or *astua*) voimaan	to take effect, come into force
olla voimassa	to be in force, be valid

KATSAUS SUOMEN HISTORIAAN

Maa, jota nykyisin nimitetään Suomeksi, sai ensimmäiset asukkaansa jo kivikaudella, kun metsästäjiä saapui alueelle pian jääkauden päätyttyä. Lisää asukkaita saapui myöhemmin eri ilmansuunnista. Nykyinen Suomen kansa on syntynyt näistä muuttajaryhmistä.

Ei tiedetä, mitä kieltä alueen ensimmäiset asukkaat puhuivat. Niin sanottua kantasuomea arvellaan Suomessa puhutun jo pronssikaudella (1500—500 eKr.).

Ruotsin ja Venäjän vallan aika

1155—1293   ruotsalaiset valloittivat Suomen ja toivat tänne roomalaiskatolisen kirkon, Ruotsin lain ja pohjoismaisen, suhteellisen demokraattisen yhteiskuntajärjestyksen.

1527   Ruotsi-Suomi omaksui protestanttisen opin luterilaisessa muodossa.

1543   Turun piispa Mikael Agricola, "Suomen kirjakielen isä", julkaisi ensimmäisen suomenkielisen kirjan, ABC-kirjan eli aapisen, ja viisi vuotta myöhemmin Uuden Testamentin.

1640   perustettiin Turun akatemia (yliopisto).

1642   ilmestyi koko Raamattu suomen kielellä.

1809   Ruotsi menetti Napoleonin ajan sodissa koko Suomen Venäjälle. Maa sai sisäisen itsehallinnon (autonomian); vanha Ruotsin laki jäi voimaan. Myöhemmin Suomi sai myös oman raha- ja postilaitoksen.

1812   pääkaupungiksi tuli Turun sijasta Helsinki, jonne viisitoista vuotta myöhemmin, Turun suuren palon jälkeen, siirrettiin myös yliopisto.

1835   Elias Lönnrot julkaisi keräämänsä vanhat kansanrunot Kalevala-nimisenä eepoksena. Kalevalalla oli seuraavien vuosikymmenien aikana valtava vaikutus suomenkielisen kirjallisuuden ja suomalaisen kansallistunnon kehitykseen.

1899   venäläiset julkaisivat ns. helmikuun manifestin, joka käytännössä hävitti Suomen erikoisaseman. Poliittinen tilanne paheni pahenemistaan venäläistämistoimien jatkuvasti lisääntyessä.

1906   Suomi sai uuden, demokraattisemman perustuslain.
        Mainittakoon, että tällöin Suomen naiset — ensimmäisi-
        nä Euroopassa — saivat äänioikeuden. Tilanteen parane-
        minen johtui heikkouden tilasta, johon Venäjä oli joutu-
        nut Japanin sodan, suurlakon ja lisääntyneen vallan-
        kumouksellisen toiminnan johdosta.

Itsenäisyyden aika

1917   ensimmäinen maailmansota ja vallankumous tekivät
        lopun Venäjän keisarikunnasta. Suomi julistautui itsenäi-
        seksi 6.12. Pian sen jälkeen syttyi "punaisten" ja "val-
        koisten" välinen kansalaissota, joka seuraavana keväänä
        päättyi jälkimmäisten voittoon.

        Seuraavat kaksi vuosikymmentä olivat monessa suhteessa
        nopean edistyksen aikaa. Suomessakin tuntui kuitenkin
        maailman suuri talouslama 30-luvun alussa. Kielteisiä
        tekijöitä olivat luokka- ja kieliristiriidat, jotka jatkuivat
        talvisotaan asti.

1939,   toisen maailmansodan alussa, Neuvostoliitto vaati Suo-
        melta eräitä raja-alueita varmistaakseen Leningradin tur-
        vallisuuden. Kun neuvottelut eivät johtaneet tulokseen,
        Neuvostoliitto hyökkäsi Suomeen. Tässä ns. talvisodassa
        Suomi menetti voittajalle suurimman osan Karjalaa,
        mm. maan toiseksi suurimman kaupungin Viipurin.

1941   Suomi, joka Neuvostoliiton pelosta oli lähestynyt
        Saksaa, yhtyi Saksan sotaan Neuvostoliittoa vastaan ja
        valloitti aluksi takaisin menettämänsä alueet. Myöhem-
        min Suomelle julisti sodan myös Iso-Britannia, mutta ei
        Yhdysvallat.

1944   tämä ns. jatkosota päättyi Suomen tappioon. Rauhan
        ehdot olivat kovat. Neuvostoliitolle menetettiin lisää
        alueita ja jouduttiin maksamaan raskas sotakorvaus.
        Lähes puoli miljoonaa karjalaista — 11 % koko Suomen
        asukasluvusta — siirtyi menetetyiltä alueilta muuhun
        Suomeen. Lisäksi saksalaiset, jotka jouduttiin asevoimin
        ajamaan Pohjois-Suomesta, hävittivät lähtiessään suuren
        osan Lappia. Tilanne näytti lähes toivottomalta.

        Maa selviytyi kuitenkin vaikeuksistaan. Karjalaisille
        hankittiin uudet elinmahdollisuudet. Teollisuustuotanto
        alkoi nopeasti nousta. Pommitetut kaupungit ja hävitetty
        Lappi jälleenrakennettiin.

1948	allekirjoitettiin Suomen ja Neuvostoliiton välinen ystävyys-, yhteistyö- ja avunantosopimus ("yya-sopimus"), joka on siitä lähtien ollut Suomen idänpolitiikan perustana.
1951	kuoli marsalkka Carl Gustaf Mannerheim, sotien ylipäällikkö ja tasavallan presidentti 1944—46.
1952	saatiin sotakorvaus maksetuksi. Samana vuonna pidettiin Helsingissä olympiakisat.
1955	Suomi hyväksyttiin YK:n jäseneksi.
1956	kuoli presidentti J.K. Paasikivi, sodanjälkeisen ulkopoliittisen linjan luoja. Samana vuonna oli uudeksi presidentiksi valittu Urho Kekkonen. Alkoi neljännesvuosisadan kestänyt "Kekkosen tasavalta". Sen aikana Suomen sodanjälkeinen ulkopoliittinen passiivisuus vaihtui aktiiviseksi puolueettomuuspolitiikaksi, johon Suomella idän ja lännen välisellä paikallaan olikin mahdollisuuksia. Neljännellä presidenttikaudellaan Kekkonen sairastui ja joutui jättämään tehtävänsä.

Elias Lönnrot
(1802—1884)

C.G. Mannerheim
(1867—1951)

Jean Sibelius
(1865—1957)

J.K. Paasikivi
(1870—1956)

Urho Kekkonen
(1900—1986)

163

1957   kuoli säveltäjä Jean Sibelius.

1973   kuoli Paavo Nurmi, "lentävä suomalainen", yksi kaikkien aikojen kuuluisimmista urheilijoista.

Suomi teki vapaakauppasopimuksen EEC:n (Euroopan talousyhteisön) kanssa ja aloitti samoihin aikoihin kauppasuhteet SEV:in kanssa. Jo 60-luvulta Suomi oli ollut EFTA:n ja OECD:n jäsenmaa.

1975   pidettiin Helsingissä Euroopan turvallisuus- ja yhteistyökokous (ETYK), johon osallistui 35 valtion korkein poliittinen johto ja joka merkitsi kansainvälisen liennytyksen huippukohtaa. "Helsingin henki" osoittautui kuitenkin liian heikoksi supervaltojen suhteiden alkaessa uudelleen huonontua.

1970-luvun sisäpolitiikassa kiinnitettiin erityistä huomiota sosiaalisiin uudistuksiin (peruskoulu, kansanterveystyö jne.).

Kansainvälinen öljykriisi tuntui myös Suomessa. Öljyn hinnannousu aiheutti talouskasvun huomattavaa hidastumista ja sen seurauksena kasvavaa työttömyyttä, joka pahimmillaan (1978) nousi yli 8 prosenttiin työvoimasta. Öljykriisi lisäsi muiden energiamuotojen, ennen kaikkea ydinenergian käyttöä. Työttömyyden lisäksi oli talouselämän keskeisiä ongelmia taistelu inflaatiota vastaan.

1982   valittiin presidentiksi Mauno Koivisto.

1980-luvulla taistelu työttömyyttä ja inflaatiota vastaan on jatkunut. Vaikeuksista huolimatta maan talouselämälle on ollut ominaista vilkas kehitys, siirtyminen tietokoneaikaan ja muu modernistuminen sekä voimakas kansainvälistyminen. Valtiollisessa elämässä on "pehmeällä" konsensus-politiikalla saatu aikaan hyviä tuloksia.

Helsinkiä **kutsutaan/nimitetään/sanotaan** Itämeren tyttäre**ksi**.

Pohjoismaat ovat Tanska, Norja, Ruotsi, Suomi, Islanti ja Fär-saaret.

Suomi on tasavalta, Ruotsi kuningaskunta.
Viro on neuvostotasavalta, Unkari kansantasavalta.
Maailmassa on sosialistisia maita ja markkinatalousmaita.

miksi = minkä | tähden
| takia
| vuoksi
| johdosta
mitä varten
mistä syystä

Milloin se tapahtui? V. 1939, **jolloin** Suomi joutui sotaan.
Minne Virtaset muuttivat? Turkuun, **jonne** mekin muutamme.

Kielioppia

1. Special uses of infinitives and participles

Infinitives

a) The **basic form of the verb** (''tehdä'') may be used to express an action which very nearly happened:

Katu oli jäinen, olin kaatua.   The street was icy, I very nearly fell.

Olimme kuolla naurusta.   We were dying with laughter.

b) The **3rd infinitive** (''tekemään'') may express future:

Tulet katumaan tätä.   You will regret this.

Tuo nuori kirjailija tulee vielä menemään pitkälle.   That young author will go far in his life.

Cp. (a) in Participles below.

c) The **verbal noun ending in -minen** (''tekeminen'') may be used to express
— an action which goes on and on:

Lentokone nousi nousemis/ta/an.   The airplane rose higher and higher.

— obligation or possibility (''*4th infinitive*''):

Minun on myöntäminen, että ...   I must admit that ...

Häneen ei ole luottamis/ta.   He cannot be trusted.

d) The so-called **5th infinitive** (''tekemäisillään'') is used to signify ''(to be) about to do something, (to be) on the point of doing something'':

Shh, vauva on nukku/maisilla/an!   Pst, the baby is just about to go to sleep!

Structure:
(*teke/vät* →) *teke/mäisillä/ni,-si,-än* etc.

Participles

a) The **1st participle active** ("tekevä") may express
  — future action (in a rhetorical or formal context and only in the sing.):

Isänmaa ei ole unohtava teidän sankaritekojanne.	Your country will not forget your heroic deeds.

The expression can also be used when referring to future things in the past tense:

Tämä lapsi oli näkevä ja kokeva paljon.	This child was to see and experience a great deal.

  — pretended or supposed action:

Olin kuulevi/na/ni, että ovikello soi.	I thought I heard the doorbell ringing.
Liisa ei ollut näkevi/nä/än meitä.	Liisa pretended not to see us.

Structure:
(*näkevä: näkevi/ä* →) *näkevi/nä/ni, -si, -än* etc.

b) The **1st participle passive** ("tehtävä") may express
  — obligation (see 7:1):

Teidän on oltava lujia.	You've got to be firm.

  — purpose:

Hänet vietiin sairaalaan hoidettava/ksi.	She was taken to hospital for treatment.
Jätin auton pestävä/ksi.	I left the car there for a wash.

  — continuation of an action which someone or something undergoes:

Täti on sairaalassa tri Mäen hoidettava/na (hänen hoidettava/na/an).	Aunt is at hospital undergoing treatment by Dr. Mäki (by him).
Kelloni on korjattava/na.	My watch is being repaired.

  — possibility:

Ministeri ei ole tavattavi/ssa.	The minister is not available ("to be met").
Millaista säätä on odotettavi/ssa?	What kind of weather is to be expected?

Structure:
(*tehtävä: tehtävi/ä* →) *tehtävi/ssä*

c) The **2nd participle active** ("tehnyt") may express
— accidental action:

Tulin sanonee/ksi, että ...	I happened to say that ...
Kuinka tulit tehnee/ksi näin pahan virheen?	How did you come to make such a bad mistake?

Structure:
(tehnyt: tehnee/n →) tehnee/ksi

— completed action:

Bill tulee pian asunee/ksi Suomessa viisi vuotta.	Bill will soon have lived in Finland for five years.

d) The **2nd participle passive** ("tehty") may express
— accidental action:

Joskus tulee sanotu/ksi (sanottu/a) sellaista, mitä ei tarkoita.	Sometimes you happen to say things you don't mean.

— completed action:

Talo tuli rakennetu/ksi puolessa vuodessa.	The house was built in half a year.
Saatteko työn tehdy/ksi (tehty/ä) tänään?	Will you be able to finish the job today?

koiraskoira

Tiedän hänen tietävän, että tahdon ulos!

Kätkeytyy lehden taakse, kun ei kykene kohtaamaan katsettani.

10-27

Ja hän tietää minun tietävän että hän tietää.

Hän ei vain ole tietävinään minun tietävän hänen tietävän ...

2. "salaisuus" and "vastaus" words

I. **salaisuus** words include a large number of abstract words, mostly names of qualities, ending in -**(u)us**, -**(y)ys** and usually derived from adjectives. Principal parts:
salais/uus-uutta-uuden-uuksia (illat. *salaisuuteen*)
Examples:

(lapsi) lapsuus childhood, *(ystävä) ystävyys* friendship; *(suuri) suuruus* greatness, *(kansallinen: kansallisen) kansallisuus* nationality, *(hyvä) hyvyys* goodness, *(työtön: työttömän) työttömyys* unemployment, *(korkea) korkeus* height, *(rakas: rakkaan) rakkaus* love, *(kaunis: kauniin) kauneus* beauty

Note *(pitkä) pituus* length, tallness, height

II. **vastaus** words
Principal parts: *vasta/us-usta-uksen-uksia*

This group includes
a) all other words ending in -**us** (-**ys**), e.g.

— *(rakentaa: rakennan) rakennus* building, *(tarjota) tarjous* offer, *(hallita) hallitus* government, *(merkitä) merkitys* meaning, sense; *(aikoa) aikomus* intention, *(kysyä) kysymys* question, *(vaatia) vaatimus* requirement;
— *(kaula* neck) *kaulus* collar, (*sormi* finger) *sormus* ring, *hius* hair, *vanhus* old person, *juhannus* Midsummer;
— *miinus, kaktus, sirkus, virus* and other loanwords ending in -**us**; names like *Jeesus, Kristus, Sibelius*

b) all words ending in -**os** (-**ös**), e.g.

rikos crime, *tulos* result, *suomennos* Finnish translation; *eepos* epic, *kaaos* chaos, *Homeros*

c) a few nouns ending in -**as** (-**äs**) (see 2:2) and most nouns ending in -**es**, -**is**, e.g. *vihannes* vegetable, *neljännes* quarter, *Johannes; jänis* hare, *tennis, Iiris*

Sanasto

aapi/nen-sta-sen-sia — ABC book, speller, primer
+ aiheutta/a aiheutan aiheutt/i-anut — to cause, effect, give rise to
   (*aihe* cause; topic)
ase-tta-en-ita — weapon, arms
+ avun/anto-a-annon — assistance, aid
edist/ys-ystä-yksen — progress, advance
+ ehto-a ehdon ehtoja — condition, term
erityi/nen-stä-sen-siä — special, particular, specific
+ hallinto-a hallinnon — government, administration
+ huippu-a huipun huippuja — top, peak
+ hyökä/tä hyökkään hyökkäsi — to attack, invade, fall upon
   hyökännyt (jkn kimppuun)
+ hävittä/ä hävitän hävitt/i-änyt — to destroy, devastate, ruin
+ ilman/suunta-a-suunnan-suuntia — cardinal point
itsenäi/nen-stä-sen-siä — independent; sovereign
johdosta (postpos. + gen.) — due to, owing to, because of
julista/a-n julist/i-anut — to declare, proclaim
jälkimmäi/nen (≠ *edellinen*) — latter
jälleen (= *taas, uudelleen*) — again, anew, re-
järjest/ys-ystä-yksen-yksiä — order; sequence
+ jää/kausi-kautta-kauden-kausia — ice age
+ kansalais/sota — civil war
kanta- — original, first, proto-
katsa/us-usta-uksen-uksia — survey, account, summary
+ keisari/kunta (*keisari* emperor) — empire
+ kiinnittä/ä kiinnitän kiinnitti — to fasten, fix, attach
   kiinnittänyt
   kiinnittää huomiota (jhk) — to pay attention to
+ kivi/kausi — Stone Age
korva/us-usta-uksen-uksia (vrt. — compensation, reparation, indemnity
   korvata)
Kristus-usta-uksen — Christ
   eKr. (= *ennen Kristusta*) — B.C.
   jKr. (= *jälkeen Kristuksen*) — A.D.
lait/os-osta-oksen-oksia — establishment, institution, institute; plant, work(s); system
+ lakko-a lakon lakkoja — strike
lama-a-n — depression, recession
liennyt/ys-ystä-yksen-yksiä — détente
linja-a-n linjoja — line; route
+ lisäänty/ä lisäännyn lisäänty/i-nyt — to increase; breed, multiply
   (itr.)

luo/da-n loi luonut	to create, make
metsästä/ä-n metsäst/i-änyt	to hunt
neuvottelu-a-n-ja	negotiation, consultation
+ nimittä/ä nimitän nimitt/i-änyt	to name, appoint; call
ns. = niin sanottu	so-called
olympia/kisat-kisoja	Olympic Games
omaksu/a-n-i-nut	to adopt, accept
ominai/nen-sta-sen-sia	characteristic, typical
+ oppi-a opin oppeja	learning; doctrine, dogma
pahe/ta-nen-ni-nnut (= *pahentua*)	to grow worse, deteriorate
palo-a-n-ja (= *tuli/palo*)	fire, conflagration
perusta-a-n perustoja	ground(s), foundation, basis
+ perustus/laki-a-lain-lakeja	constitution, fundamental law
piispa-a-n piispoja	bishop
+ puolueettom/uus-uutta-uuden	neutrality; impartiality
+ päätty/ä päätyn päätty/i-nyt	to (come to an) end, expire
+ raamattu-a raamatun raamattuja	Bible
+ risti/riita-a-riidan-riitoja	conflict, contradiction
ryhmä-ä-n ryhmiä	group
+ selviyty/ä selviydyn selviyty/i-nyt (jstk)	to get over, out, through, come off
seura/us-usta-uksen-uksia	consequence, result
+ siirty/ä siirryn siirty/i-nyt	to move, be transferred
sopi/mus-musta-muksen-muksia	agreement, pact, treaty
suhteelli/nen-sta-sen-sia	relative; proportional
taistelu-a-n-ja	battle, fight, struggle
tappio-ta-n-ita (≠ *voitto*)	defeat, loss
tekijä-ä-n tekijöitä	author; maker; factor, element
+ toiminta-a toimin/nan-toja	activity, action, operation
tul/os-ta-oksen-oksia	result, outcome
+ tunto-a tunnon tuntoja	feeling, consciousness
+ turvallis/uus-uutta-uuden	security, safety
tällöin (vrt. *silloin*)	at this point, then
uudist/us-usta-uksen-uksia	reform; innovation
vaikut/us-usta-uksen-uksia	influence, effect, impact
vallan/kumo/us-usta-uksen-uksia (*kumota = kaataa*)	revolution
+ valloitta/a valloitan valloitt/i-anut (vrt. *valloitus*)	to conquer
valtava-a-n valtavia	huge, immense, enormous
venäläistä/ä-n venäläist/i-änyt	to Russianize, Russify
+ voitto-a voiton voittoja	victory; profit, gain
+ yhteis/kunta-a-kunnan-kuntia	society
+ yhty/ä yhdyn yhty/i-nyt (jhk)	to join, be united

+ yli/päällikkö-ä-päällikön   commander-in-chief, supreme
  -päällikköjä   commander
+ ääni/oike/us-tta-den (*ääni* vote)   right to vote, franchise

Sanontoja:
saada aikaan *(aikaan/saada)*   to bring about, accomplish

☆
+ ehdo/kas-kasta-kkaan-kkaita   candidate
+ esiinty/ä esiinnyn esiinty/i-nyt   to appear, act as
  järjestelmä-ä-n järjestelmiä   system; the Establishment
  kokoomus/puolue-tta-en   Coalition party
+ puolue/tuki-tukea-tuen   party subsidies
  päin/vastoin   on the contrary; the other way
                                around

  vaali-a-n vaaleja (usu. pl.)   election
  varsinai/nen-sta-sen-sia   proper, actual, real
  vieraantu/nut-nutta-neen-neita alienated, estranged
  äänestä/ä-n äänest/i-änyt (jkta) to vote

NÄIN MINUSTA ON

Kuuden suomalaisen näkemyksiä ajankohtaisista kysymyksistä

Vastaajat	Mitkä ovat vaikeimpia ongelmia Suomessa a) koko maan kannalta b) oman ryhmäsi (ikä-, ammatti-, vähemmistö- tms. ryhmän) kannalta? Missä suhteessa Suomessa on hyvä elää?

Huuha, Heikki, maanviljelijä, perheenisä. Arvostaa työnsä itsenäisyyttä; työpäivät ovat tosin pitkät.
Vapaa-aikoinaan samoilee metsissä, kesäiltoina lämmittää savusaunaa ja käy silloin tällöin juttelemassa naapurien kanssa.

a) Työttömyys.
b) Maatalousväestön osalta maaseudun autioituminen, kasvava saastuminen, mm. happosateet. Lisäksi ongelmamme on maatalouden ylituotanto.
Meillä on rauhallista ja hyvä sisäinen järjestys, ja luonto on vielä suhteellisen puhdas.

Lehtonen, Annu, tekniikan ylioppilas. Opintojensa lisäksi on niin kiinnostunut kaikesta muustakin, että se toisinaan vaikeuttaa keskittymistä.
Harrastaa opiskelijatoimintaa, kirjallisuutta ja taidetta.

a) Yhteiskunnallisen keskustelun taantuminen ja arvomaailman materiaalistuminen.
b) Kysymys insinöörin vastuusta.
Suomessa on niin hyvä elää, että merkittäviä epäkohtia on vaikea keksiä.

Mosnikoff, Jouni, poromies, perheenisä, kolttasaamelainen.
Pitää työstään, vapaaaikoinaan harrastaa kalastusta ja äidinkielensä sanaston tallentamista.

a) Työttömyys.
b) Vähemmistöryhmän jäsenenä väitän, että Suomi on piilorasistinen maa.

Mitä ajattelet vihreistä ja ympäristöliikkeestä (luonnonsuojelijoista)? Pitääkö esim. petoeläimiä suojella?	Mitä mieltä olet suhteestamme ns. kolmanteen maailmaan? Pitäisikö Suomen lisätä kehitysapuaan Afrikalle ja muille kolmannen maailman maille? Olisiko Suomeen otettava enemmän kolmannen maailman pakolaisia?	Missä määrin mielestäsi miehen ja naisen tasa-arvo on toteutunut Suomessa? Mitä mieltä olet feministeistä?
Heillä on hyviä ajatuksia, mutta luulen, että näissä liikkeissä on myös mukana monia, jotka vain haluavat julkisuutta. Petojen lisääntyminen lisää turvattomuutta maaseudulla. Jos asuisin kaupungissa, olisi hauska katsella susia ja karhuja auton ikkunasta.	Kolmas maailma tarvitsee enemmän apua. Heitä on autettava auttamaan itse itseään, opettamalla maataloutta ja viemällä heille sopivaa tekniikkaa. Ei pakolaisia meille. Eräät maat ovat varoittavia esimerkkejä.	Tasa-arvo on mielestäni meillä hyvä. Mutta olen sitä mieltä, että samasta työstä on maksettava miehelle ja naiselle sama palkka. Naisethan voisivat enemmistönä jopa johtaa ja hallita maata.
Onhan sekin eräänlainen harrastus, kuten monet muutkin yhden asian liikkeet.	Ongelma on laaja. Alkuperäisen kulttuurin säilyttäminen ja tehokkaammat viljely- ja tuotantomenetelmät saattavat olla ristiriidassa keskenään.	Lain mukaan miehen ja naisen tasa-arvo on käsittääkseni Suomessa hyvä, mutta asenteet eivät muutu käskemällä.
En tunne vihreiden tavoitteita tarkemmin. Mielestäni petoja ei tule hävittää sukupuuttoon. Mutta poronhoito vaikeutuu kohtuuttomasti, jos petojen annetaan vapaasti lisääntyä poronhoitoalueella.	Mielestäni ei pitäisi.	Suomessa ei tarvita feministejä, koska maassa vallitsee tasa-arvo.

Nieminen, Leena, kampaaja, itsenäinen yrittäjä, perheenäiti.
Viihtyy työssään ja vapaahetkinään ulkoilee ja opiskelee kieliä.

Työpaikat sijaitsevat epätasaisesti eri osissa maata. Vuokra-asuntoja pitäisi lisätä ja helpottaa oman asunnon hankkimista. Eläminen Suomessa on turvallista. On tilaa liikkua luonnossa. Voimme sanoa vapaasti mielipiteemme. Sosiaaliturva on hyvä. Kaikilla on mahdollisuus käydä koulua ja opiskella.

Nykvist, Dag, kauppatieteen ylioppilas, suomenruotsalainen.
Opintojensa lisäksi harrastaa liikuntaa ja lukemista.

a) Välinpitämättömyys sotainvalidejamme kohtaan on suuri epäkohta.
b) Nuorisotyöttömyys ja ensiasunnon hankinta, ainakin pääkaupunkiseudulla.
Ympäristö on puhdas ja tilaa paljon. Sosiaaliturva on hyvä ja rikollisuus moniin maihin verrattuna vähäistä.

Silfverberg, Leena, suomen kielen lehtori, eronnut, yksinhuoltaja.
Pitää työtään kehittävänä ja vaihtelevana. Harrastaa lukemista ja tennistä.

a) Vaikea asuntotilanne ja työttömyys.
b) Ehkä eristyneisyyden tunne. Yhteiskuntamme on sulkeutunut ja perhekeskeinen. Ellei yksinäisellä naisella ole naisystäviä, hänellä ei juuri ole keskustelu- ja huvittelumahdollisuuksia; älykästä miesystävää ei helpolla löydä.
Suomi on vapaa maa, mutta säännöt ja rajoitukset ovat kyllä lisääntymässä.

Vihreän liikkeen ihmisläheinen ideologia on uusi ja kannatettava asia. Tällä hetkellä vihreät ovat hajanainen lauma vailla selviä päämääriä.

Jos petoeläimet lisääntyvät niin paljon, että siitä on haittaa ihmisen elinkeinoille (esim. sudet tappavat lampaita ja poroja), en ymmärrä suojelun ideaa.

Oma elintasomme on niin korkea, että voisimme hyvin lisätä apua kolmannen maailman maille. Raha- ja ruoka-apu ei yksin riitä, tarvitaan lisää asiantuntija-apua.

Naisen ja miehen tasa-arvo on edennyt käytännössä hitaasti. Naista syrjitään yhä työelämässä. Samasta työstä voidaan yhä maksaa eri palkkaa. Vaikka perheessä molemmat käyvät työssä, kotityöt jäävät usein naisen huoleksi.

Feministit taistelevat naisten aseman ja tasa-arvon puolesta. Joissakin asioissa he menevät liian pitkälle.

Vihreät pyrkivät kiinnittämään huomiota suuriin epäkohtiin. Mutta mielestäni heiltä puuttuu usein kokonaisnäkemys, he eivät ole aina selvästi tiedostaneet, mistä puhuvat.

Ympäristöliikkeet ajavat hyvää asiaa. Luontoa täytyy suojella ajoissa, ennen kuin on liian myöhäistä.

Kolmas maailma tarvitsee kipeästi apua. Jos Suomi lisää kehitysapuaan, ei pitäisi lisätä raha-apua, vaan mieluummin koulutusta.

Suomeen voitaisiin ottaa enemmän pakolaisia. Ei kuitenkaan liian suuria määriä, ja pieninä ryhminä, kuten tähänkin asti.

Työelämässä tasa-arvo on toteutumassa. Myös naisten palkat ovat paranemassa.

Feministit ovat mielestäni ärsyttäviä. Meidät on luotu joko miehiksi tai naisiksi, ja sillä siisti.

Periaatteessa kannatan luonnon ja petojen suojelua. Ympäristöliikkeillä ja vihreillä on tärkeä tehtävä yhteiskunnassa.

Kehitysapua pitäisi lisätä. Sen pitäisi olla ennen kaikkea koulutusapua ja teknistä tietoa.

Meillä tilanne on parempi kuin monessa muussa osassa maailmaa, mutta tasa-arvo ei meillä kuitenkaan ole toteutunut edes siinä määrin, kuin laki vaatii.

Miehen ja naisen välinen suhde on valtataistelua. Jos tämä myönnettäisiin, mies ja nainen voisivat mielestäni elää rehellisemmässä suhteessa toisiinsa.

En tiedä paljoakaan feministeistä. Luultavasti käsitykseni ovat melko ennakkoluuloisia.

Huomio! Ovatko kaikki valmiina?

Täytyy **ottaa huomioon** kaikki asiaan vaikuttavat tekijät.

Älä **kiinnitä huomiota** sivuseikkoihin!

Lapsi tekee koko ajan huomioita ympäristöstään (= huomioi ympäristöään).

"I must do it"	"it must be done"
minun täytyy tehdä se	se täytyy tehdä
minun pitää tehdä se	se pitää tehdä
minun tulee tehdä se	se tulee tehdä
minun on pakko tehdä se	se on pakko tehdä
minun on tehtävä se	se on tehtävä

Sanasto

ajaa jtk asiaa (vrt. *asian/ajaja* attorney)	to champion, advocate; plead for
alku/perä (vrt. *alkuperäinen*)	origin, beginning
arvo/maailma-a-n	set of values
+ autioitu/a (autioidun) autioitu/i -nut (*autio* deserted)	to become deserted, be depopulated
+ ede/tä etenen eteni edennyt	to proceed, advance; progress
ennakko/luulo-a-n-ja	prejudice
+ epä/kohta-a-kohdan-kohtia	defect, disadvantage, evil
+ eristyneis/yys-yyttä-yyden (*eristää* tr., *eristyä* itr.)	isolation, seclusion
eronn/ut-utta-een-eita	divorced; resigned, retired
hajanai/nen-sta-sen-sia	scattered; disconnected
halli/ta-tsen-tsi-nnut (vrt. *hallitus; hallitsija*)	to rule, govern; master; dominate
+ happo/sade	acid rain
huoli huolta huolen huolia	worry, trouble, concern
ilma/piiri-ä-n	atmosphere, climate
invalidi (= *vammainen*)	disabled person, invalid
joll/en-et-ei etc. (= *jos en* etc.) (= *ellen* etc.)	it not, unless
+ kanta-a kannan kantoja	point of view, opinion
keskenä/mme-nne-än	among, between ourselves etc.; with each other, mutually

+ kohtuu/ton-tonta-ttoman-ttomia   excessive; unfair; unreasonable,
   (≠ *kohtuullinen*)   immoderate
+ koltta-a koltan kolttia   Skolt (Skolts are Saami people or
                                 Lapps who belong to the
                                 Orthodox Church)

käske/ä-n käski käskenyt (jkta   to order, command, tell to
   tekemään) (vrt. *käsky*)
lauma-a-n laumoja   herd, flock, pack, crowd
lehtori-a-n lehtoreita   lecturer
+ liikunta-a liikunnan   physical exercise; physical education
luonnon/suojelu-a-n   nature conservation, protection of
                                 nature

luultavasti   probably, presumably
materiaalistu/a-n-inut   to materialize
menetelmä-ä-n menetelmiä   method, process
merkittävä-ä-n merkittäviä   considerable, remarkable
nuoriso-a-n (= nuoret)   young people, youth
näke/mys-mystä-myksen-myksiä   outlook, view, opinion
pakolai/nen-sta-sen-sia   refugee, displaced person
+ peto-a pedon petoja   beast, wild animal; brute
piilo- (*piilo* hiding place)   hidden, concealed
poro/mies   reindeer herdsman, owner
puolesta (postpos. + gen.)   on behalf of; for
   (≠ *vastaan*)
pärjä/tä-än-si-nnyt (puhek.) (vrt.   to do well, manage, get along
   tulla toimeen)
pää/määrä-ä-n-määriä   goal, aim, end, purpose
rajoit/us-usta-uksen-uksia   limitation, restriction
rehelli/nen-stä-sen-siä   honest, sincere, frank
rikolli/nen-sta-sen-sia   criminal
samoil/la-en-i-lut   to ramble, rove, wander
sisäi/nen-stä-sen-siä (≠ *ulkoinen,*   internal, inner, inward, intra-
   ulkonainen)
+ suku/puutto:
   hävittää sukupuuttoon   to kill off, exterminate
suojel/la-en-i-lut (vrt. *suoja*   to protect, shelter, guard; preserve
   protection, shelter)
syrji/ä-n syrji-nyt (jkta)   to discriminate (against)
   (rotu)syrjintä   (racial) discrimination
+ taantu/a taannun taantu/i-nut   to decline; regress; degenerate
taistel/la-en-i-lut   to fight, struggle
+ tallenta/a tallennan tallensi   to record
   tallentanut
+ tarkka-a tarkan tarkkoja   exact, precise; detailed
tasa-arvo-a-n   equality

+ tavoite-tta tavoitte/en-ita   target, objective, goal, aim
+ teho/kas-kasta-kkaan-kkaita   effective, efficient; power-
   (*teho* power, capacity; effect)
tiedosta/a-n tiedost/i-anut   to be(come) aware of, realize
toisinaan (= *joskus, välistä*)   sometimes, from time to time
+ toteutu/a (toteudun) toteutu/i-nut   to come true, materialize, be realized
tulla (also:)   must, shall
   minun tulee (= *pitää*)
turva-a-n (vrt. *turva/llinen*)   security, shelter
+ turvatto/muus-muutta-muuden   insecurity
+ vahinko-a vahingon vahinkoja   damage, injury; accident
   vahingossa   by accident, by mistake
   vahinko (, että ...)   it's a pity, too bad (that ...)
+ vaikeutta/a vaikeutan vaikeutt/i   to make more difficult, impede,
   -anut (≠ *helpottaa*)   complicate
vastuu-ta-n (vrt. *vastata jstk* be   responsibility
   responsible)
väestö-ä-n-jä (vrt. *väki väen*)   population, inhabitants
vähemmistö-ä-n-jä (≠ *enemmistö*)   minority
+ välin/pitämä/tön-töntä-ttömän   indifferent, unconcerned; careless
   -ttömiä
yhteis/kunnalli/nen-sta-sen-sia   social
   (vrt. *yhteiskunta*)
yksin/huoltaja-a-n-huoltajia   single parent, lone parent
   (huoltaa *provide for*)
yrittäjä-ä-n yrittäjiä   entrepreneur, businessman
+ ärsyttä/ä ärsytän ärsytt/i-änyt   to irritate, provoke, annoy
   (jtk, jkta)

Sanontoja:
silloin tällöin   now and then, from time to time
sillä siisti (= *sillä hyvä*)   and that's that!

☆

+ erotta/a erotan erott/i-anut (jstk)   to separate; dismiss, fire; distinguish
esi-isä-ä-n-isiä   forefather, ancestor
+ palaute-tta palautteen   feedback

A list of the nouns in lessons 1—20 by inflection types

maa words *(maa-ta-n maita)*
vastuu

auto words *(katu-a kadun katuja)*
All 2-syllable words ending in -o (-ö), -u (-y).
Note aito (aidon), apu (avun), aukko (aukon), avun/anto (-annon), ehto (ehdon), heikko (heikon), herkku (herkun), huippu (huipun), hyöty (hyödyn), jako (jaon), johto (johdon), joukko (joukon), kaakko (kaakon), kala/kukko (-kukon), kiekko (kiekon), kunto (kunnon), käyttö (käytön), lakko (lakon), lappu (lapun), liitto (liiton), lotto (loton), luku (luvun), luonto (luonnon), maku (maun), muutto (muuton), mänty (männyn), näkö (näön), orpo (orvon), pako (paon), pelko (pelon), pelto (pellon), peto (pedon), piippu (piipun), puukko (puukon), ruuan/laitto (-laiton), sakko (sakon), seutu (seudun), suukko (suukon), sääntö (säännön), taito (taidon), tieto (tiedon), tikku (tikun), tunto (tunnon), voitto (voiton)

päivä words *(pöytä-ä pöydän pöytiä)*
All 2-syllable words ending in -ä.
Note hätä (hädän), ikä (iän)

kuva words *(kukka-a kukan kukkia)*
hoikka (hoikan), homma, kohta (kohdan), koltta (koltan), kumma, kunta (kunnan), luoja, murha, ohra, suunta (suunnan), tukka (tukan), tupa (tuvan), turha, turva, tuuma, voima

kirja words *(tapa-a tavan tapoja)*
ala, elämä/kerta (-kerran), kanta (kannan), karja, kasa, kaura, laaja, laina, lauma, liina, linja, luistin/rata (-radan), marja, palsta, parta (parran), piispa, raja, riita (riidan), sarja, sata (sadan), suola, tarkka (tarkan), tasavalta (-vallan), tausta, teltta (teltan), tila, tina, vaara, vahva, vaiva, vara, viha, vihta (vihdan), vilja

bussi words *(kortti-a kortin kortteja)*
grilli, joulu/pukki (-pukin), keli, kori, käynti (käynnin), laki (lain), lenkki (lenkin), muoti (muodin), muovi, nätti (nätin), oppi (opin), pappi (papin), piiri, purkki (purkin), pussi, pyykki (pyykin), riisi, säkki (säkin), tyyli, vaali, vaari, vati (vadin), vauhti (vauhdin), vienti (viennin), vitsi

ovi words *(lehti lehteä lehden lehtiä)*
järki (järjen), kivi, leski, retki, sakset, sormi, sääski, tuki (tuen), tähti (tähden), väki (väen)

pieni words *(pieni pientä pienen pieniä)*
hiili, hiiri, huoli, juoni, kuusi "spruce", lohi, riihi, sieni, toimi (tointa), tyyni

uusi words *(uusi uutta uuden uusia)*
kausi, susi, vuosi

toimisto words *(tunnettu-a tunnetun tunnettuja)*
All long (3 syllables or more) words in -o (-ö), -u (-y) except those ending in vowel plus o (-ö), -lo (-lö), -ro (-rö).
Note hallinto (hallinnon), häirikkö (häirikön), kielletty (kielletyn), kirjattu (kirjatun), klassikko (klassikon), käytetty (käytetyn), käytäntö (käytännön), luento (luennon), maljakko (maljakon), opinto (opinnon), otsikko (otsikon), palkinto (palkinnon), päällikkö (päällikön), raamattu (raamatun), rannikko (rannikon), tosikko (tosikon), tuotanto (tuotannon), tutkinto (tutkinnon), uskonto (uskonnon), vahinko (vahingon)

radio words *(radio-ta-n-ita)*
huomio, lukio, mainio, tappio, yhtiö

ostaja words *(ostaja-a-n ostajia)*
All words ending in -**ma** (-**mä**), -**va** (-**vä**), -**isa** (-**isä**); -**ja** (-**jä**) but not -**ija** (-**ijä**); biljoona, emäntä (emännän), isäntä (isännän), jumala, typerä

opiskelija words *(opiskelija-a-n opiskelijoita)*
All words ending in -**ija** (-**ijä**); ateria, historia, kalkkuna, maailma, mansikka (mansikan: mansikoita), saippua, tarina, voimala

keskusta words *(valinta-a valinnan valintoja)*
liikunta (liikunnan), maailma, perusta, tausta, toiminta (toiminnan), valinta (valinnan)

vaikea words *(vaikea vaikeaa t. vaikeata vaikean vaikeita)*
All words ending in -**ea** (-**eä**); ainoa

hotelli words *(paketti-a paketin paketteja)*
ammatti (ammatin), ekonomi, horisontti (-sontin), ikoni, invalidi, metalli, miljardi, ortodoksi, prosentti (prosentin), robotti (robotin), suosikki (suosikin)

naapuri words *(naapuri-a-n naapureita)*
kolari, lehtori, manteli, nauhuri, parturi, sankari, tohveli, tunturi

huone words *(liike-ttä liikkeen liikkeitä)*
All words ending in -**e**.
Note aate (aatteen), asenne (asenteen), esite (esitteen), koe (kokeen), luode (luoteen), luonne (luonteen), palaute (palautteen), piirre (piirteen), suhde (suhteen), taide (taiteen), tavoite (tavoitteen), tiede (tieteen), tilanne (tilanteen), tunne (tunteen), tuote (tuotteen), viihde (viihteen), väite (väitteen)

nainen words *(nainen naista naisen naisia)*
All words ending in -**nen**

puhelin words *(soitin-ta soittimen soittimia)*
luistin; **note** sydän (-tä sydämen sydämiä)

mahdoton words *(mahdoton-ta mahdottoman mahdottomia)*
All words ending in **-ton** (**-tön**)

sairas words *(vilkas-ta vilkkaan vilkkaita)*
ehdokas (ehdokkaan), innokas (innokkaan), kirves (kirveen), kiuas (kiukaan), kodikas (kodikkaan), kuningas (kuninkaan), lahjakas (lahjakkaan), liukas (liukkaan), opas (oppaan), oppilas, potilas, puhdas (puhtaan), raskas, reipas (reippaan), runsas, sotilas, tehokas (tehokkaan), varakas (varakkaan), viisas, voimakas (voimakkaan), värikäs (värikkään), älykäs (älykkään)

kaunis words *(kaunis-ta kauniin kauniita)*
ruis (rukiin)

vastaus words *(vastaus-ta vastauksen vastauksia)*
All words ending in cons. + **us** (**ys**), **-os** (**-ös**); katsaus, korvaus, maalaus, risteys, seuraus, tapaus, tarjous, teräs, vallan/kumous, veljeys

lyhyt words *(lyhyt-tä lyhyen lyhyitä)*
kevyt

väsynyt words *(väsynyt-tä väsyneen väsyneitä)*
eronnut, kokenut, tottunut (and all other past participles)

lähin words *(lähin-tä lähimmän lähimpiä)*
ylin (and all other superlatives); vasen (vasemman)

jäsen words *(jäsen-tä-en-iä)*
jäsen

salaisuus words *(salais/uus-uutta-uuden-uuksia)*
All words in **-uus** (**-yys**); korkeus, oikeus, pimeys, rakkaus, rikkaus, runous, sairaus, talous, vaikeus, vapaus, yhteys

A list of the verbs in lessons 1—20 by verb types

1. voida verbs
(voi/da-n voi voinut; no **k p t** changes)
All verbs ending in **-da (-dä)**.
Note luoda (loi), lyödä (löi)

2. puhua verbs
(tahtoa tahdon tahtoi tahtonut)
All verbs ending in **-oa (-öä), -ua (-yä)**.
Note ampua (ammun), autioitua (autioidun), esiintyä (esiinnyn), istuutua (istuudun), johtua (johdun), joutua (joudun), jäähtyä (jäähdyn), katua (kadun), kehittyä (kehityn), keskittyä (keskityn), kokoontua (kokoonnun), kutoa (kudon), liittyä (liityn), lisääntyä (lisäännyn), loppua (lopun), luopua (luovun), mahtua (mahdun), masentua (masennun), muuttua (muutun), näkyä (näyn), peittyä (peityn), peseytyä (peseydyn), pukeutua (pukeudun), puuttua (puutun), pysähtyä (pysähdyn), päättyä (päätyn), rentoutua (rentoudun), ryhtyä (ryhdyn), sattua (satun), selviytyä (selviydyn), siirtyä (siirryn), sisältyä (sisällyn), sopeutua (sopeudun), suhtautua (suhtaudun), suuttua (suutun), syttyä (sytyn), taantua (taannun), tarttua (tartun), toteutua (toteudun), viipyä (viivyn), yhtyä (yhdyn), yöpyä (yövyn)

(lukea luen luki lukenut)
All verbs ending in **-ea (-eä)**.
Note kokea (koen), kylpeä (kylven)

(leikkiä leikin leikki leikkinyt)
All verbs ending in **-ia (iä)**.
Note ehtiä (ehdin), hankkia (hankin), nauttia (nautin), onkia (ongin), pilkkiä (pilkin), pyrkiä (pyrin)

(käyttää käytän käytti käyttänyt)
All verbs ending in **-stää, -ttää**; pitää (pidän), sietää (siedän), vetää (vedän)

(muuttaa muutan muutti muuttanut)
All long (3 or more syllables) verbs in **-htaa, -staa, -ttaa**; hoitaa (hoidan), johtaa (johdan), polttaa (poltan), voittaa (voitan)

(antaa annan antoi antanut)
kaataa (kaadan), kasvaa, mahtaa (mahdan), paahtaa (paahdan), palaa, saattaa (saatan), tappaa (tapan)

(lentää lennän lensi lentänyt)
kieltää (kiellän), kääntää (käännän), myöntää (myönnän), parantaa (parannan), pyytää (pyydän), rakentaa (rakennan), sisältää (sisällän), taitaa (taidan), tallentaa (tallennan), työntää (työnnän), uskaltaa (uskallan)

3. tulla verbs
(kuunnella kuuntelen kuunteli kuunnellut)
All verbs ending in **-lla** (**-llä**), **-rra**, **-sta** (**-stä**).
Note haastatella (haastattelen), harjoitella (harjoittelen), huvitella (huvittelen), ihmetellä (ihmettelen), jutella (juttelen), käsitellä (käsittelen), laiskotella (laiskottelen), ommella (ompelen), opetella (opettelen), riidellä (riitelen), sinutella (sinuttelen), tapella (tappelen), teititellä (teitittelen), totella (tottelen), työskennellä (työskentelen), valehdella (valehtelen)

haluta verbs
(tavata tapaan tapasi tavannut)
arvata, avata, erota, hajota, hakata (hakkaan), herätä, hypätä (hyppään), hyökätä (hyökkään), hävetä (häpeän), hävitä, kadota (katoan), kelvata (kelpaan), kerätä, kohota, korjata, kuvata, lakata (lakkaan), leikata (leikkaan), lisätä, luvata (lupaan), maalata, maata (makaan), murhata, palata, pudota (putoan), pärjätä, ruveta (rupean), seurata, siivota, todeta (totean), uhata (uhkaan), valokuvata, varata, verrata (vertaan)

merkitä verbs
*(merkitä merkitsen merkitsi merkinnyt; no **k p t** changes)*
ansaita, hallita, mainita, vallita

paeta verbs
(paeta pakenen pakeni paennut)
edetä (etenen), kyetä (kykenen), paeta (pakenen), paheta, parata, vaieta (vaikenen)

A guide to the use of verbs

This guide is mainly concerned with the verbs included in Finnish for Foreigners 1 and 2. It does not list verbs which take a direct object according to the general rules. Unusual meanings and rare uses are likewise excluded.

A

ajatella *think; intend*
Ajattelen sinua.
Mitä ajattelet (= mitä mieltä olet) asiasta?
Mitä ajattelet **tehdä?**
alkaa **tehdä** *begin (to do)*
aloittaa **työ** *begin (tr.)*
antaa *give; let*
Anna minu**lle** markka!
Anna minu**n mennä!**
arvostella **jtk, jkta** *criticize, judge*
auttaa **jkta** teke**mään** *help*

E

edustaa **jtk, jkta** *represent*
ehdottaa **jtk, jkta** jksk *propose, suggest*
Ehdotan Pekkaa sihteeri**ksi.**
ehtiä *arrive in time; have time*
Ehditkö junaan/luennolle?
Ehditkö **syödä** (syö**mään)?**
epäillä **jkta** jstk *suspect*
erikoistua **jhk**/teke**mään** *specialize*
erota **jstk, jksta** *part, resign, get divorced*
esiintyä **jnak** *appear as*
estää **jkta** teke**mästä** *prevent*
etsiä **jtk** jstk *look for, search*

H

haastatella **jkta** jstk *interview*
haista **jltk (jllek)** *smell*
hakea *fetch; apply*
Haen paketin postista.
Haen stipendiä.
harjoittaa **jtk** *pursue, be engaged in*
harkita **jtk** *think, consider*
harrastaa **jtk** *take an interest in*
hermostua **jstk** *get nervous, irritated*
huolehtia **jstk, jksta** *take care of*

huolestua **jstk** *get worried*
hymyillä **jllek, jklle** *smile*
hyökätä *attack*
— toise**en** maa**han**
— **jkn kimppuun**
häiritä **jtk, jkta** *disturb*
hämmästyttää *astonish*
Asia hämmästyttää minua.
Minua hämmästyttää, että ...
hämmästyä **jtk** t. **jstk** *be astonished*
hävetä *be ashamed*
Häpeän tekoani.
Etkö häpeä **valehdella?**
hävitä **jhk** *disappear*

I

ihailla **jtk, jkta** *admire*
ihastua *be delighted, fall for*
Lapsi ihastui lahja**sta.**
Ihastuin kuullessani tämän.
Ihastuin häne**en** heti.
ihmetellä **jtk, jkta** *wonder, be surprised*
ikävöidä **jtk, jkta** *miss*
ilmestyä **jhk** *appear*
inhota **jtk, jkta** *detest*
innostua **jstk (jhk)**/teke**mään** *become interested*
istuutua **jhk** *sit down*

J

jaksaa **tehdä** *be able, manage*
jarruttaa **jtk** *brake, slow up*
johtua *be due to; be derived; occur*
Virhe johtui kiireestä.
Mieleeni johtui, että ...
joutua *get into (unwanted situation)*
— vankil**aan**/kadu**lle**
— ero**amaan**
— vangi**ksi**
jumaloida **jkta** *adore, worship*

jättää *leave (tr.)*
— lapset kotiin/pihalle tunniksi
— lapset leikkimään
— joku lapsenvahdiksi
— tekemättä
jäädä *remain, stay (itr.)*
— kotiin/pihalle tunniksi
— leikkimään
— lapsenvahdiksi
— tekemättä

K

kadota **jhk** *disappear*
kaivata *miss, long for*
Kaipaan kesää/sinua.
Kaipaan kotiin/Tampereelle.
kannattaa *support; be worthwhile*
Kannatan ehdotusta.
Sinun kannattaa **odottaa.**
katsoa *watch, look; look up*
Katson televisiota.
Katson sanan sanakirjasta.
katua **jtk** *regret, be sorry for*
kehittyä **jstk jksk** *develop (itr.)*
— kylästä kaupungiksi
kelvata *do, be good enough*
Tavara kelpaa myyntiin.
Tämä ei kelpaa ruuaksi.
keskittyä **jhk/tekemään** *concentrate*
keskustella **jstk jkn kanssa** *talk, discuss*
kieltää **jkta** tekemästä *forbid*
kiinnostaa *interest (tr.)*
Häntä kiinnostaa taide.
kiinnostua **jstk** *be(come) interested (itr.)*
Hän on kiinnostunut taiteesta.
kiittää **jkta jstk** *thank; praise*
kilpailla **jkn kanssa jstk** *compete*
koettaa *try; try on*
Koeta tätä tuolia!
Koeta tätä pukua!
Koeta **tehdä** parhaasi!
kokeilla **jtk** *try out, test*
kosia **jkta** *propose (for marriage)*
koskea *touch; hurt; concern*
Älä koske siihen!
Vatsaan koskee.
Asia koskee sinua.

koskettaa **jtk, jkta** *touch*
kunnioittaa **jkta** *respect*
kuolla *die*
— tautiin
— häpeästä
kutsua *invite; call*
Kutsun hänet vieraaksi.
Mattia kutsutaan Masaksi.
kuulostaa **jltk** *sound like*
kuulua *be heard; belong; be a person's concern; be said to*
Mitä teille kuuluu?
Kenelle tuo talo kuuluu?
Asia ei kuulu sinulle.
Kuulun urheiluseuraan.
Kuulun saunan ystäviin.
Hän kuuluu **olevan** rikas.
kyetä tekemään *be able*
kyllästyä **jhk/tekemään** *get sick and tired*
kysyä **jtk jklta** *ask (a question)*
kärsiä *suffer*
— nälkää
— sairaudesta
käsitellä **jtk** *handle, treat; discuss*
käskeä *order, tell to*
Käske heitä poistumaan.
Käske heidän poistua.
kätkeä **jhk** *hide*
käydä *visit; go, proceed*
Kävin Turussa/Tampereella.
Kävin Liisan **luona.**
Kävin uimassa.
Käy pöytään/istumaan!
Lapset käyvät koulua.
käyttää **jtk jnak** *use*
Käytämme tätä huonetta varastona.
kääntyä *turn (oneself), convert (itr.)*
— oikealle/toiseen suuntaan
— lääkärin **puoleen**
— kristinuskoon

L

lainata *lend; borrow; quote*
— **jklle** rahaa
— **jklta** rahaa
— Aleksis Kiven sanoja

lakata teke**mästä** *stop (doing)*
levätä **jstk** *rest*
liittyä **jhk** *join; be connected with,*
  related to
  Liityin yhdistyk**seen**.
  Asia liittyy politiikk**aan**.
lopettaa **työ** *stop, finish (tr.)*
luopua **jstk** *(itr.) abandon, give up*
luottaa **jhk, jkh** *trust, rely*
luulla *think, presume*
  Luulin sinua Mati**ksi**.
luvata **jklle tehdä** *promise*
lyödä **jkta** *strike, hit*
lähestyä **jtk, jkta** *approach*
löytyä **jstk** *be found (intr.)*
löytää **jstk** *find (tr.)*

M

mahtaa **tehdä** *probably do, can*
mahtua *fit; have space for*
  Auto**on** mahtuu viisi henkeä.
mainostaa **jtk** *advertize*
maistaa **jtk** *taste (tr.)*
maistua **jltk (jllek)** *taste like*
maksaa **jstk** *pay*
masentua **jstk** *be discouraged*
miellyttää **jkta** *please*
muistuttaa *resemble; remind*
  Tyttö muistuttaa isäänsä.
  Muistuta minua tästä asiasta.
muuttaa *move; change*
  — asu**maan jhk**
  — **jtk** raha**ksi**
muuttua **jksk** *change, be changed*
  (itr).
myöhästyä *be late for; miss*
  — päivällis**eltä**/juna**sta**

N

nauraa **jllek, jklle** *laugh*
nauttia *enjoy*
  — loma**sta**, elämä**stä**
  — lääke**ttä** (= ottaa)
  — ruoka**a**, juoma**a** (= syödä,
    juoda)
  — palkka**a** (= saada)

neuvoa *advise*
  Voitteko neuvoa minu**lle** tien
  asemalle?
  Neuvo minua valitse**maan** oikein!
nimittää *call; appoint*
  Hän nimitti minu**a** aasi**ksi**.
  Hänet nimitettiin piispa**ksi**.
noudattaa **jtk** *follow, obey*
nukuttaa *make sleepy*
  Minu**a** nukuttaa.
näytellä **jtk, jkta** *act, play*
näyttää **jltk** *look like*

O

odottaa **jtk, jkta** *wait for, expect*
onnistua *succeed in, manage to*
  Hän onnistui työ**ssään**.
  Hän onnistui teke**mään** sen.
  Hänen onnistui **tehdä** se.
onnitella *congratulate*
  Onnittelen sinua syntymäpäivä**n**
  johdosta.
  Onnittelen sinua hyvä**stä** idea**sta**.
opetella **jtk/tekemään** *learn how to,*
  train
opettaa *teach*
  — **jklle** englantia
  — **jkta** puhu**maan** englantia
opiskella **jtk** *study*
oppia teke**mään** *learn*
osallistua **jhk** *participate*

P

pakottaa teke**mään** *force*
palvella **jkta** *serve*
pelata **jtk** *play (games)*
pelätä **jtk, jkta** *be afraid*
perustaa *establish, found*
  Tehdas perustettiin Pori**in**.
pitää *like; regard; must*
  Pidätkö kala**sta**?
  Pidän häntä hyvä**nä** laulaja**na**.
  Minu**n** pitää **lähteä** nyt.
purra **jtk, jkta** *bite*
puuttua *lack*
  Minu**lta** puuttuu markka.
  Sana**sta** puuttuu kirjain.

pyrkiä **jhk**/teke**mään** *strive for*
pystyä **jhk**/teke**mään** *be able*
pysyä *stay; keep; hold to*
  Pysy vuotee**ssa**.
  Olen pysynyt terveen**ä**.
  Pysyn päätöksessä**ni**.
pysähtyä **jhk**/teke**mään** *stop*
pysäköidä **jhk** *park*
pyytää *ask, request*
  Pyydän teil**tä** neuvoa.
  Pyydän teit**ä** autta**maan**.
päästä *get (to, away from); be admitted*
  — koulu**un**/kurssi**lle**
  — opiskele**maan**
  — ylioppilaa**ksi**
  — vankila**sta**
päästää *let (do), let go*
  — lapset ulos leikki**mään**
  — vanki vapaa**ksi**
päättyä *end*
  Juhla päättyi Maammelaulu**un**.
päättää **tehdä** *decide*

R

rakastaa **jtk, jkta** *love*
rakastua **jkh** *fall in love*
riidellä **jstk jkn kanssa** *quarrel, argue*
riippua **jstk, jksta** *depend*
riittää *be enough*
  Se riittää minu**lle**.
  Raha ei riitä auto**on**.
ruveta *start, set to*
  — työ**hön**
  — teke**mään** työtä
  — lentäjä**ksi**
ryhtyä *start, set to*
  — työ**hön**
  — teke**mään** työtä
  — lentäjä**ksi**

S

saada *get; may; cause to do*
  Sain häne**ltä** korun lahja**ksi**.
  Sain **tehdä**, mitä halusin.
  Vitsi sai meid**ät** naura**maan**.
saapua **jhk**/teke**mään** *arrive*
saattaa **tehdä** *may, be likely*

sairastaa **jtk** *be sick with, suffer from*
sairastua **jhk** *fall ill with*
sanoa *say; call*
  Karhu**a** sanotaan nalle**ksi**.
  Hän**tä** sanotaan laiska**ksi**.
sattua teke**mään** *happen*
selviytyä **jstk** *get out of (a difficulty)*
seurata **jtk, jkta** *follow;* **jstk** *ensue*
sinutella **jkta** *call a person "sinä"*
sisältyä **jhk** *be included*
sopeutua **jhk** *adapt, adjust oneself*
sopia *fit; suit; agree*
  Sopiiko sinu**lle** viide**ltä**?
  Puku sopii häne**lle**.
  Tuoli ei sovi tä**hän** paikk**aan**.
  Hän sopii opettaja**ksi**.
  Olemme sopineet asia**sta**.
suhtautua **jhk, jkh** *adopt an attitude towards*
suojella **jtk, jkta jltk** *protect*
  Suojelen kurkku**ani** kylmä**ltä**.
suositella, suosittaa *recommend*
  Ohjelma**a** ei suositella lapsi**lle**.
  Suositan Liisa Aho**a** tä**hän** tehtävä**än**.
surra **jtk, jkta** *mourn*
suuttua **jklle jstk** *get angry*
syyttää **jkta jstk** *accuse, blame*
särkeä *break; ache*
  Hän särki jään palasi**ksi**.
  Pää**täni** särkee.

T

taistella *fight*
  — valla**sta**
  — köyhyyt**tä** **vastaan**
  — rauha**n** **puolesta**
taitaa **tehdä** *know how to: may*
tarkoittaa **jtk, jkta** *mean, refer to*
tarttua *take, seize, grasp; catch (a disease)*
  Tartuin hän**tä** käde**stä**.
  Tartuin kynä**än**.
  Tauti tarttui min**uun**.
teititellä **jkta** *call a person "te"*
tervehtiä **jkta** *greet*
tiedustella **jklta jtk** *inquire*

toivoa **jklle jtk** *wish*
toivottaa **jklle jtk** *wish*
totella **jkta** *obey*
tottua **jhk/tekemään** *get used,*
accustomed to
tuntea *know; feel*
Tunnetko hänet?
Tunnen surua.
Tunnen itseni sairaaksi.
tuntua *feel like; seem*
Ilma tuntuu kylmältä.
Minusta ajatus tuntuu hyvältä.
Hän tuntuu **osaavan** asiansa.
tuoksua **jltk (jllek)** *smell like*
tutustua **jhk, jkh** *get acquainted*

U

uhata **jtk, jkta/tehdä** *threaten*
uskaltaa **tehdä** *dare*
uskoa *believe*
Uskon sen.
Uskon häntä.
Uskon Jumalaan.

V

vaatia *demand, require*
Vaadimme uutta sopimusta.
Mitä vaadit minua tekemään?
vaihtaa *(ex)change (tr.)*
Vaihdan työpaikkaa.
Vaihdan vanhan auton uuteen.
Vaihdan puntia markoiksi.
vaihtua *change, be changed (itr.)*
Liikennevalo vaihtui punaiseksi.
Hattuni vaihtui toiseen.
vaikuttaa *affect, influence; appear to*
be, strike as
Se ei vaikuta asiaan/meihin.
Hän vaikuttaa älykkäältä.
vaivata *bother, trouble*
Anteeksi, että vaivaan teitä.
Mikä sinua vaivaa?

valita *choose, elect*
Hänet valittiin virkaan/puheen-
johtajaksi.
valmistua **jksk** *get a degree in, qualify*
as
varoa **jtk, jkta** *take care, look out for*
varoittaa **jkta jstk/tekemästä** *warn*
vastata *answer; correspond,*
be equivalent; be responsible
Vastaa minulle!
Vastaa kysymykseeni!
Suomen sanaa "hyvä" vastaa
englannin sana "good".
Kuka vastaa tästä työstä?
verrata **jtk jhk** *compare*
vierailla **jssk** *visit*
viipyä **jssk** *stay, remain*
viitsiä **tehdä** *feel like, bother*
viljellä **jtk** *cultivate, till*
välittää *care*
En välitä kahvista.
En välitä **juoda** kahvia.
väsyttää *tire, make tired*
Kuumuus väsyttää minua.
Minua väsyttää.
väsyä *get tired*
— työstä
— talven pimeyteen
— tekemään samaa työtä

Y

yhtyä **jhk** *join*
yrittää **tehdä** *try, attempt*

Ä

ärsyttää *irritate*
Tämä ruoka ärsyttää vatsaa.
Minua ärsyttää, että ...

APPENDICES

1. WHICH STEM TO USE

I. Nouns, adjectives, pronouns, numerals

Genitive sing. stem
All cases in the sing. except the basic form and part. Basic form pl.
Comparative and superlative of adjectives

Partitive pl. stem
All cases in the pl. except the basic form

Partitive sing. stem
Parallel form for gen. pl. *(lasten)*

II. Verbs

1st pers. sing. present stem
Present tense negative
Past tense affirmative (1st, 2nd pers.)
Informal imperative (2nd pers. sing.)
Passive forms if the basic form of the verb ends in two vowels

3rd pers. sing. present stem
Past tense affirmative (3rd pers.)
Conditional present

3rd pers. pl. present stem
3rd infinitive
Verbal noun in *-minen*
Present participle active
The agent participle

Basic form stem
Formal (and pl.) imperative (2nd pers. pl.)
1st pers. pl. and 3rd pers. imperative
Passive forms if the basic form of the verb ends in one vowel
Long form of the 1st infinitive
2nd infinitive
Past participle active
Potential present

2. INFLECTION OF NOUNS: DIFFERENT TYPES

(V = vowel, C = consonant)

I. Words ending in a vowel other than a short -e

1. Words ending in -VV or a diphthong

	Basic form	Part. sing.	Gen. sing.	(Illat. sing.)	Part. pl.
—VV	**maa**	-ta	-n	(-han)	maita
—Vi	**tiistai**	-ta	-n	(-hin)	tiistaita
-ie,	**tie***	-tä	-n	(-hen)	teitä
-uo,	suo	-ta	-n	(-hon)	soita
-yö	työ	-tä	-n	(-hön)	töitä

2. 2-syllable words ending in a vowel

	Basic form	Part. sing.	Gen. sing.	(Illat. sing.)	Part. pl.
-o, -ö,	**auto**	-a	-n	(-on)	-ja
-u, -y	koulu	-a	-n	(-un)	-ja
-ä	**päivä**	-ä	-n	(-än)	päiviä
-a	**kuva**	-a	-n	(-an)	kuvia
	kirja	-a	-n	(-an)	kirjoja
-i	**bussi**	-a	-n	(-in)	busseja
	ovi	ovea	oven	(oveen)	ovia
	pieni	pientä	pienen	(pieneen)	pieniä
	uusi	uutta	uuden	(uuteen)	uusia

Exceptional or rare paradigms:

	Basic form	Part. sing.	Gen. sing.	(Illat. sing.)	Part. pl.
-e	nukke	-a	nuken	(nukkeen)	nukkeja
-i	meri	mer**t**a	meren	(mereen)	meriä | (type
	lumi	lun**t**a	lumen	(lumeen)	lumia | **pieni)**
	lapsi	lasta	lapsen	(lapseen)	lapsia |
	länsi	länttä	lännen	(länteen)	länsiä (type **uusi)**

3. Longer words ending in a vowel

	Basic form	Part. sing.	Gen. sing.	(Illat. sing.)	Part. pl.
-o, -ö,	**toimisto**	-a	-n	(-on)	-ja
-u, -y	kilpailu	-a	-n	(-un)	-ja
	radio	-ta	-n	(-on)	-ita
	henkilö	-ä	-n	(-ön)	-itä
	numero	-a	-n	(-on)	-ita
	näyttämö	-ä	-n	(-ön)	-itä
-a, -ä	**ostaja**	-a	-n	(-an)	ostajia
	ongelma	-a	-n	(-an)	ongelmia
	ystävä	-ä	-n	(-än)	ystäviä
	opiskelija	-a	-n	(-an)	opiskelijoita
	asia	-a	-n	(-an)	asioita
	mustikka	-a	mustikan	(mustikkaan)	mustikoita
	keskusta	-a	-n	(-an)	keskustoja
	vaikea	-(t)a	-n	(-an)	vaikeita

-i	hotelli	-a	-n	(-in)	hotelleja
	naapuri	-a	-n	(-in)	naapureita
	parempi	parempaa	paremman	(parempaan)	parempia

II. Words ending in a short -e or -C

-e	huone	-tta	-en	(huoneeseen)	huoneita
-n	nainen	naista	naisen	(naiseen)	naisia
	puhelin	-ta	puhelimen	(puhelimeen)	puhelimia
	mahdoton	-ta	mahdottoman	(mahdottomaan)	mahdottomia
-s	sairas	-ta	sairaan	(sairaaseen)	sairaita
	kaunis	-ta	kauniin	(kauniiseen)	kauniita
	vastaus	-ta	vastauksen	(vastaukseen)	vastauksia
-t	lyhyt	-tä	lyhyen	(lyhyeen)	lyhyitä
	väsynyt	-tä	väsyneen	(väsyneeseen)	väsyneitä
-l, -r	sisar	-ta	sisaren	(sisareen)	sisaria

Exceptional or rare paradigms:

-n	lämmin*	-tä	lämpimän	(lämpimään)	lämpimiä
	lähin	-tä	lähimmän	(lähimpään)	lähimpiä (cp. *parempi*)
	jäsen	-tä	-en	(-een)	-iä
-s	mies*	-tä	miehen	(mieheen)	miehiä
	paras*	-ta	parhaan	(parhaaseen)	parhaita
	salaisuus	salaisuutta	salaisuuden	(salaisuuteen)	salai-suuksia | (cp. **uusi**)
	terveys	terveyttä	terveyden	(terveyteen)	terveyk-siä
	kolmas	kolmatta	kolmannen	(kolmanteen)	kolmansia | (cp.
-t	tuhat*	-ta	tuhannen	(tuhanteen)	tuhansia | **länsi**)
	kevät*	-tä	kevään	(kevääseen)	keväitä
foreign words ending in -C	nailon	-ia	-in	(-iin)	-eja
	Smith	-iä	-in	(-iin)	-ejä

Nouns and adjectives which appear in Finnish for Foreigners 2 are listed according to these types on p. 179.

---

*The only word of its kind

3. INFLECTION OF VERBS: DIFFERENT TYPES

1.

voida verbs (basic form ends in **-da, -dä**)

voi/da	-n	voi	voinut	voidaan
saa/da	-n	sai	saanut	saadaan
vie/dä	-n	vei	vienyt	viedään
juo/da	-n	joi	juonut	juodaan
syö/dä	-n	söi	syönyt	syödään

Note:

käy/dä	-n	kävi	käynyt	käydään

2.

puhua verbs (basic form ends in two vowels)

puhu/a	-n	-i	-nut	-taan
luke/a	luen	luki	lukenut	luetaan
oppi/a	opin	oppi	oppinut	opitaan
näyttä/ä	näytän	näytti	näyttänyt	näytetään
osta/a	-n	osti	ostanut	ostetaan
anta/a	annan	antoi	antanut	annetaan
lentä/ä	lennän	lensi	lentänyt	lennetään

Note:

tietä/ä	tiedän	tiesi	tien/nyt tietä/nyt	tiedetään

3.

tulla verbs (basic form ends in two consonants + **a, ä**)

tul/la	-en	-i	-lut	-laan
men/nä	-en	-i	-nyt	-nään
sur/ra	-en	-i	-rut	-raan
nous/ta	-en	-i	-sut	-taan

Note:

ol/la	olen	oli	ollut	ollaan
3rd pers.	**on, ovat**			
juos/ta	juoksen	juoksi	juossut	juostaan

4.

Basic form ends in a vowel + **ta, tä**

a) **haluta** verbs

| halu/ta | -an | -si | -nnut | -taan | halutkaa! |

b) **merkitä** verbs (ending in **-ita, -itä**)

| merki/tä | -tsen | -tsi | -nnyt | -tään | merkitkää! |

c) **paeta** verbs (generally ending in **-eta, -etä**)

| pae/ta | pakenen | pakeni | paennut | paetaan | paetkaa! |

5.

Irregular verbs

| **näh**/dä | näen | näki | nähnyt | nähdään |
| **teh**/dä | teen | teki | tehnyt | tehdään |

4. INFLECTION CHARTS

I. k p t changes in the inflection of nouns

1. Nouns with weak grade in genitive sing.

	Singular			Plural			
Nominative	+**pöytä**						pöydät
Partitive		ä		**pöyti**	ä	(pöydi-)	
Genitive	pöydä	n			en		
Adessive		llä				pöydi	llä
Ablative		ltä					ltä
Allative		lle					lle
Inessive		ssä					ssä
Elative		stä					stä
Illative	**än**				**in**		
Essive	**nä**				**nä**		
Translative		ksi					ksi
Abessive		ttä					ttä
Comitative					**neen**		
Instructive							n

2. Nouns with strong grade in genitive sing.

	Singular		Plural	
Nominative	+**tehdas**		**tehtaat**	
Partitive		ta	**tehtai**	ta
Genitive	**tehtaa**	**n**		den (-tten)
Adessive		**lla**		lla
Ablative		**lta**		lta
Allative		**lle**		lle
Inessive		**ssa**		ssa
Elative		**sta**		sta
Illative		**seen**		siin
Essive		**na**		na
Translative		**ksi**		ksi
Abessive		**tta**		tta
Comitative				**neen**
Instructive				n

The forms with strong grade are in **boldface**.

Exception: In the pl., word types *uusi, salaisuus, kolmas,* and *tuhat* have **k p t** changes only in the nominative. (The other pl. forms have -s-.)

II. A few important pronouns

	Sing.	Pl.	Sing.	Pl.
Nom.	jokin (abbr. *jk*)	jotkin	joku (abbr. *jku*)	jotkut
Part.	jotakin (*jtk*)	joitakin	jotakuta (*jkta*)	joitakuita
Gen.	jonkin (*jnk*)	joidenkin	jonkun (*jkn*)	joidenkuiden
Adess.	jollakin (*jllak*)	joillakin	jollakulla (*jklla*)	joillakuilla
Abl.	joltakin (*jltk*)	joiltakin	joltakulta (*jklta*)	joiltakuilta
All.	jollekin (*jllek*)	joillekin	jollekulle (*jklle*)	joillekuille
Iness.	jossakin (*jssk*)	joissakin	jossakussa (*jkssa*)	joissakuissa
Elat.	jostakin (*jstk*)	joistakin	jostakusta (*jksta*)	joistakuista
Illat.	johonkin (*jhk*)	joihinkin	johonkuhun (*jkh*)	joihinkuihin
Ess.	jonakin (*jnak*)	joinakin	jonakuna (*jkna*)	joinakuina
Transl.	joksikin (*jksk*)	joiksikin	joksikuksi (*jksk*)	joiksikuiksi
Abess.		joittakin		joittakuitta
Comit.		joinekin		joinekuine

Note: k-less forms of *jokin* are frequent, esp. in speech: *jotain, jollain, jostain, joitain* etc.

	Sing.	Pl.	Sing.	Pl.
Nom.	mikään	mitkään	kukaan	ketkään (kutkaan)
Part.	mitään		ketään	keitään
Gen.	minkään		kenenkään	keidenkään
Adess.	millään		kenelläkään (kellään)	keillään
Abl.	miltään		keneltäkään (keltään)	keiltään
All.	millekään		kenellekään (kellekään)	keillekään
Iness.	missään		kenessäkään (kessään)	keissään
Elat.	mistään		kenestäkään (kestään)	keistään
Illat.	mihinkään		keneenkään (kehenkään)	keihinkään
Ess.	minään		kenenäkään (kenään)	keinään
Transl.	miksikään		keneksikään	keiksikään

	Sing. = Pl.	Sing.	Pl.
Nom.	itse	+**kaikki** all, everything	**kaikki** all, everybody
Part.	itseä/än (-ni etc.)	**kaikkea**	**kaikkia**
Gen.	itse/nsä (-ni etc.)	kaiken	**kaikkien**
Adess.	itsellä/än (-ni)	kaikella	kaikilla
Iness.	itsessä/än (-ni)	kaikessa	kaikissa
Illat.	itsee/nsä (-ni)	**kaikkeen**	**kaikkiin**
Ess.	itsenä/än (-ni)	**kaikkena**	**kaikkina**
Transl.	itse/kse/en (-ni)	kaikeksi	kaikiksi
Comit.			**kaikkine**
Instr.			kaikin

III. Comparative and superlative of adjectives

1. Comparative

	Sing.			Pl.		
Nom.	+ **halvempi**					**halvemmat**
Part.	**halvempa**	a		**halvempi**	a	
Gen.			halvemma | n		en	
Adess.			lla			halvemmi | lla
Abl.			lta			lta
All.			lle			lle
Iness.			ssa			ssa
Elat.			sta			sta
Illat.		an			in	
Ess.		na			na	
Transl.			ksi			ksi
Abess.			tta			tta
Comit.					**ne**	
Instr.						n

2. Superlative

	Sing.			Pl.		
Nom.	+ **halvin** |					**halvimmat**
Part.		ta		**halvimpi** | a		
Gen.	halvimma | n				en	
Adess.	lla					halvimmi | lla
Abl.	lta					lta
All.	lle					lle
Iness.	ssa					ssa
Elat.	sta					sta
Illat.	**halvimpa** | an				in	
Ess.	na				na	
Transl.	ksi					ksi
Abess.	tta					tta
Comit.					**ne**	
Instr.						n

IV. Ordinal numbers

	Sing.			Pl.		
Nom.	+ kuudes			kuudennet		
Part.	kuudetta				kuudensi	a
Gen.		kuudenne	n			en
Adess.			lla			lla
Iness.			ssa			ssa
Illat.	**kuudente**	**en**				in
Ess.		**na**				na
Transl.			ksi			ksi

V. Agent participle

	Sing.			Pl.	
Nom.	tytön	tekemä (työ)	tytön	tekemät (työt)
Part.		tekemää (työtä)		tekemiä (töitä)
Gen.		tekemän (työn)		tekemien (töiden)
Adess.		tekemällä (työllä)		tekemillä (töillä)
Iness.		tekemässä (työssä)		tekemissä (töissä)
Illat.		tekemään (työhön)		tekemiin (töihin)
Ess.		tekemänä (työnä)		tekeminä (töinä)
Transl.		tekemäksi (työksi)		tekemiksi (töiksi)
Nom.	hänen	tekemänsä (työ)	hänen	tekemänsä (työt)
Part.		tekemäänsä (työtä)		tekemiään (töitä)
Gen.		tekemänsä (työn)		tekemiensä (töiden)
Adess.		tekemällään (työllä)		tekemillään (töillä)
Iness.		tekemässään (työssä)		tekemissään (töissä)
Illat.		tekemäänsä (työhön)		tekemiinsä (töihin)
Ess.		tekemänään (työnä)		tekeminään (töinä)
Transl.		tekemäkseen (työksi)		tekemikseen (töiksi)

VI. k p t changes in the inflection of verbs

+ **ottaa** "to take" (representing *puhua* verbs)
+ **mitata** "to measure" (representing *tulla, haluta,* and *paeta* verbs)

The strong grade is in **boldface**.
(Only the forms of **ottaa** are translated below.)

	Affirmative		Negative		

Active Indicative

Present

Sing.	1. otan (**mittaan**)	I take	en	ota	I do	not
	2. otat (**mittaat**)	you take	et	(**mittaa**)	you do	take
	3. **ottaa** (**mittaa**)	he takes	ei		he does	
Pl.	1. otamme (**mittaamme**)	we take	emme		we do	
	2. otatte (**mittaatte**)	you take	ette		you do	
	3. **ottavat** (**mittaavat**)	they take	eivät		they do	

Past

Sing.	1. otin (**mittasin**)	I took	en	**ottanut**	I	did
	2. otit (**mittasit**)	you took	et	(mitannut)	you	not
	3. **otti** (**mittasi**)	he took	ei		he	take
Pl.	1. otimme (**mittasimme**)	we took	emme	**ottaneet**	we	
	2. otitte (**mittasitte**)	you took	ette	(mitanneet)	you	
	3. **ottivat** (**mittasivat**)	they took	eivät		they	

Perfect

Sing.	1. olen **ottanut**	I	have	en	ole	I have	not
	2. olet (mitannut)	you	taken	et	**ottanut**	you have	taken
	3. on	he has taken		ei	(mitannut)	he has	
Pl.	1. olemme **ottaneet**	we	have	emme	ole	we have	
	2. olette (mitanneet)	you	taken	ette	**ottaneet**	you have	
	3. ovat	they		eivät	(mitanneet)	they have	

Pluperfect

Sing.	1. olin **ottanut**	I	had	en	ollut	I	had
	2. olit (mitannut)	you	taken	et	**ottanut**	you	not
	3. oli	he		ei	(mitannut)	he	taken
Pl.	1. olimme **ottaneet**	we		emme	olleet	we	
	2. olitte (mitanneet)	you		ette	**ottaneet**	you	
	3. olivat	they		eivät	(mitanneet)	they	

Conditional

Present

Sing.									
Sing.	1.	**ottaisin (mittaisin)**	I	would	en	**ottaisi**	I	would
	2.	**ottaisit (mittaisit)**	you	take	et	**(mittaisi)**	you	not
	3.	**ottaisi (mittaisi)**	he		ei		he	take
Pl.	1.	**ottaisimme (mittaisimme)**	we		emme		we	
	2.	**ottaisitte (mittaisitte)**	you		ette		you	
	3.	**ottaisivat (mittaisivat)**	they		eivät		they	

Perfect

Sing.	1.	olisin	**ottanut**	I	would	en	olisi	I	would
	2.	olisit	(mitannut)	you	have	et	**ottanut**	you	not
	3.	olisi		he	taken	ei	(mitannut)	he	have
Pl.	1.	olisimme	**ottaneet**	we		emme	olisi	we	taken
	2.	olisitte	(mitanneet)	you		ette	**ottaneet**	you	
	3.	olisivat		they		eivät	(mitanneet)	they	

Imperative

Sing.	2.	ota **(mittaa)** take!		älä ota **(mittaa)**		do not take!	
	3.	**ottakoon** (mitatkoon) let him take!		älköön	**ottako**	let him	not
Pl.	1.	**ottakaamme** (mitatkaamme) let us take!		älkäämme	(mitatko)	let us	take!
	2.	**ottakaa** (mitatkaa) take!		älkää		do	
	3.	**ottakoot** (mitatkoot) let them take!		älköön		let them	

Potential

Present

Sing.	1.	**ottanen** (mitannen)	I	may	en	**ottane**	I	may
	2.	**ottanet** (mitannet)	you	take	et	(mitanne)	you	not
	3.	**ottanee** (mitannee)	he		ei		he	take
Pl.	1.	**ottanemme** (mitannemme)	we		emme		we	
	2.	**ottanette** (mitannette)	you		ette		you	
	3.	**ottanevat** (mitannevat)	they		eivät		they	

Perfect

Sing.	1.	lienen	**ottanut**	I	may	en	liene	I	may
	2.	lienet	(mitannut)	you	have	et	**ottanut**	you	not
	3.	lienee		he	taken	ei	(mitannut)	he	have
Pl.	1.	lienemme	**ottaneet**	we		emme	liene	we	taken
	2.	lienette	(mitanneet)	you		ette	**ottaneet**	you	
	3.	lienevät		they		eivät	(mitanneet)	they	

Passive Indicative

Present

otetaan (mitataan)	is taken	ei oteta (mitata)	is not taken

Past

otettiin (mitattiin)	was taken	ei otettu (mitattu)	was not taken

Perfect

on otettu (mitattu)	has been taken	ei ole otettu (mitattu)	has not been taken

Pluperfect

oli otettu (mitattu)	had been taken	ei ollut otettu (mitattu)	had not been taken

Conditional

Present

otettaisiin (mitattaisiin)	would be taken	ei otettaisi (mitattaisi)	would not be taken

Perfect

olisi otettu (mitattu)	would have been taken	ei olisi otettu (mitattu)	would not have been taken

Imperative

otettakoon (mitattakoon)	let it be taken!	älköön otettako (mitattako)	let it not be taken!

Potential

Present

otettaneen (mitattaneen)	may be taken	ei otettane (mitattane)	may not be taken

Perfect

lienee otettu (mitattu)	may have been taken	ei liene otettu (mitattu)	may not have been taken

Infinitives and participles

	Active	Passive

Infinitives

1st infinitive
Basic form **ottaa** (mitata) to take
Long form **ottaakseen** (mitatakseen) in order to take

2nd infinitive

Inessive **ottaessa** (mitatessa) when taking   otettaessa (mitattaessa) when being taken

Instructive **ottaen** (mitaten) taking

3rd infinitive
Inessive **ottamassa (mittaamassa)** (in the process of) taking
Elative **ottamasta (mittaamasta)** from taking
Illative **ottamaan (mittaamaan)** taking, to take
Adessive **ottamalla (mittaamalla)** by taking
Abessive **ottamatta (mittaamatta)** without taking

Verbal noun in -minen (4th infinitive)
     ottaminen (mittaaminen) (the act of) taking

"5th infinitive"
     ottamaisillaan (mittaamaisillaan) about to take

Participles

Present **ottava (mittaava)** taking   otettava (mitattava) to be taken

Past **ottanut** (mitannut) taken   otettu (mitattu) taken

5. A FEW IMPORTANT DERIVATIVE SUFFIXES

I. To form nouns from other words:

-e
puhua to speak — *puhe* speech; *sataa* to rain — *sade* rain; *ääntää (äännän)* to pronounce — *äänne* sound
Principal parts: *sade-tta sateen sateita*

-in
tool for action: *avata (avaan)* to open — *avain* key; *puhella (puhelen)* to talk — *puhelin* telephone; *soittaa (soitan)* to play — *soitin* (musical) instrument
Principal parts: *soitin-ta soittimen soittimia*

-ja (-jä)
performer of action: *laulaa* to sing — *laulaja* singer; *näytellä (näyttelee)* to play, act — *näyttelijä* actor; *tehdä (tekee)* to make — *tekijä* maker, author
Principal parts: *laulaja-a-n laulajia*
tekijä-ä-n tekijöitä

-la (-lä)
a) place belonging to a person (a popular suffix for forming names of farms and houses as well as family names); *Matti* Matthew — *Mattila* (orig.) Matthew's place
b) place for action: *pesu* washing — *pesula* laundry; *neuvo* advice — *neuvola* child welfare clinic
Principal parts: *pesula-a-n pesuloita*

-lainen (-läinen)
a) native or resident of a place: *Mikkeli* — *mikkeliläinen; Lahti (Lahden)* — *lahtelainen; kaupunki* city — *kaupunkilainen* city dweller
b) *koulu* school — *koululainen* school pupil; *suku* family — *sukulainen* relative; *työ* work — *työläinen* worker

-ma (-mä)
action or result of action: *kuolla (kuolen)* to die — *kuolema* death; *sanoa* to say — *sanoma* message
Principal parts: *sanoma-a-n sanomia*

-mo (-mö)
place for action: *kammata (kampaa)* to comb — *kampaamo* hairdresser's; *näyttää* to show — *näyttämö* stage

-mus (-mys)
hakea to apply — *hakemus* application; *kysyä* to ask — *kysymys* question

-nen
a) diminutive suffix: *kukka* flower — *kukkanen* a little flower; *poika* boy — *poikanen* a little boy
b) family name suffix (orig. "of someone's family, clan"): *Heino* (man's name) — *Heinonen* (family name)

-nta (-ntä)	*kysyä* to ask — *kysyntä* demand: *tarjota* to offer — *tarjonta* supply
-nti	*myydä* to sell — *myynti* sale; *tupakoida* to smoke — *tupakointi* smoking
-o (-ö)	*huutaa* to shout — *huuto* shout; *pelätä (pelkää)* to fear — *pelko* fear; *tehdä (tekee)* to do — *teko* deed, act
-os (-ös)	*ostaa* to buy — *ostos* purchase; *kääntää (käännän)* to turn; translate — *käännös* turn; translation
-sto **(-stö)**	collective suffix: *kirja* book — *kirjasto* library; *mies (miehen)* man — *miehistö* men, crew
-tar **(-tär)**	feminine suffix: *Englanti (Englannin)* England — *englannitar* Englishwoman; *kuningas* king — *kuningatar* queen; *näyttelijä* actor — *näyttelijätär* actress Principal parts: *kuninga/tar-tarta-ttaren-ttaria*
-u (-y)	*alkaa* to begin — *alku* beginning; *itkeä* to cry — *itku* crying; *haastatella (haastattelee)* to interview — *haastattelu* interview
-us (-ys)	a) from verbs: *valittaa (valitan)* to complain — *valitus* complaint; *yhdistää* to unite, join — *yhdistys* association b) from other than verbs: *sormi* finger — *sormus* ring; *vanha* old — *vanhus* old person Principal parts: *vanh/us-usta-uksen-uksia*
-(u)us **-(y)ys**	from adjectives (and nouns), usu. names of qualities: *hyvä* good — *hyvyys* goodness; *syytön (syyttömän)* innocent, not guilty — *syyttömyys* innocence; *terve* healthy — *terveys* health; *viisas (viisaan)* wise — *viisaus* wisdom Principal parts: *viisa/us-utta-uden-uksia*
-uu	*kaivata (kaipaan)* to long for — *kaipuu* longing; *palata* to return — *paluu* return

II. To form adjectives from other words:

-hko **(-hkö)**	modifying suffix: *nuori* young — *nuorehko* youngish; *pyöreä* round — *pyöreähkö* roundish
-inen	a) *ilo* joy — *iloinen* joyful, glad; *viha* hate, anger — *vihainen* angry b) made of something: *villa* wool — *villainen* woolen; *metalli* metal — *metallinen* of metal c) furnished with something: *jalka* foot, leg — *nelijalkainen* four-legged, *silmä* eye — *sinisilmäinen* blue-eyed

203

-llinen	*hyöty (hyödyn)* use, benefit — *hyödyllinen* useful; *isä* father — *isällinen* fatherly; *onni (onnen)* happiness — *onnellinen* happy
-maton **(-mätön)**	negative suffix, from verbs: *kutsua* to invite — *kutsumaton* uninvited; *tietää* to know — *tietämätön* ignorant; *uskoa* to believe — *uskomaton* incredible
-ton **(-tön)**	negative suffix, from nouns: *lapsi (lapsen)* — *lapseton* childless; *onni (onnen)* happiness — *onneton* unhappy; *sydän (sydämen)* heart — *sydämetön* heartless Principal parts: *onne/ton-tonta-ttoman-ttomia*

III. To form verbs from other words:

-ahta- **(-ähtä-)**	momentary action: *huutaa (huudan)* to shout — *huudahtaa* to exclaim; *nauraa* to laugh — *naurahtaa* to give a laugh, laugh shortly Principal parts: *naurahtaa naurahdan naurahti naurahtanut*
-ella **(-ellä)**	continuous, frequent, or repeated action: *katsoa* to look, have a look — *katsella* to look, watch; *matkustaa* to travel — *matkustella* to travel about; *neuvoa* to advise — *neuvotella* to talk, negotiate Principal parts: *neuvotella neuvottelen neuvotteli neuvotellut*
-illa **(-illä)**	*auto* car — *autoilla* to motor; *nyrkki* fist — *nyrkkeillä* to box; *pyörä* bike, cycle — *pyöräillä* to bike, cycle
-ne-	"translative verbs": *halpa (halvan)* cheap — *halveta* to become cheaper; *kylmä* cold — *kylmetä* to grow colder; *vanha* old — *vanheta* to grow older Principal parts: *vanheta vanhenen vanheni vanhennut*
-ntaa **(-ntää)**	causative verbs: *huono* bad — *huonontaa* to make worse; *suuri (suuren)* large — *suurentaa* to enlarge Principal parts: *suurentaa suurennan suurensi suurentanut*
-oida **(-öidä)**	*luento (luennon)* lecture, talk — *luennoida* to give lectures: *tupakka (tupakan)* tobacco — *tupakoida* to smoke
-ta (-tä)	*mitta* measure — *mitata* to measure; *saha* saw — *sahata* to saw Principal parts: *mitata mittaan mittasi mitannut*
-ttaa **(-ttää)**	causative verbs, from nouns: *pommi* bomb — *pommittaa* to bomb; *vero* tax — *verottaa* to tax; from verbs: *nauraa* to laugh — *naurattaa* to make laugh; *rakentaa (rakennan)* to build — *rakennuttaa* to have built; *tehdä (teen)* to do, make — *teettää* to cause to do, have made Principal parts: *teettää teetän teetti teettänyt*

-utua
(-ytyä)

reflexive verbs: *ajaa* to drive — *ajautua* to drift; *pukea* to dress —
pukeutua to dress oneself; *puolustaa* to defend — *puolustautua* to
defend oneself

-ua (-yä)

reflexive verbs: *kääntää* to turn — *kääntyä* to turn oneself,
be turned; *nähdä (näkee)* to see — *näkyä* to be seen; *suurentaa*
to enlarge — *suurentua* to become larger, be enlarged
Principal parts: *kääntyä käännyn kääntyi kääntynyt*

6. ALPHABETICAL WORD LIST

(Letters B—G refer to sections in the chapters of the Excercise book)

A

aapinen 19
aate 12
aiheuttaa 19
aikoinaan 10
aikomus 10
aine 9
ainoa 1
ainoastaan 8
aita 16 D
aivot 5
aivovuoto 19 D
ajankohtainen 12
ajatus 1
ajoissa 3
ajokortti 3
ala 1
ala-arvoinen 6
alennus 12
alkuperäinen 20
ammatti 1
ampua 6 C
ananas 2
ansaita 9
ansioluettelo 7 F
apu 11
apulainen 7
arvata 13
arvella 16
arvo 1
arvokas 13 C
arvomaailma 20
arvosana 9
arvostaa 5
arvostelija 17
arvostella 6
ase 19
asenne 18
asiantuntija 9
asti 18
astia 4 D
astua 15
asu 11
asuntola 10
ateria 8
atk 7 F
aukko 16
autioitua 20
avanto 16 C
avaruus 8 F
avata 8
avioliitto 1

avoliitto 1
avunanto 19

B

biljoona 6

E

edes 15
edetä 20
edistys 19
edullinen 13
edustaa 18
ehdokas 19 D
ehdoton 14
ehdottaa 4
ehtiä 4
ehto 19
eli 8
elinkeino 14
elintaso 5
ellei 15
elämys 15
elämäkerta 9
emäntä 15
enimmäkseen 10
ennakkoluulo 20
ennätys 15 G
epäkohta 20
epäluuloinen 10
epäonnistua 17
epätietoisuus 10
eristyneisyys 20
erityinen 19
ero 10
eronnut 20
erota 7 F
erottaa 20 D
esiintyä 19 D
esi-isä 20 D
esikuva 6 F
esine 13
esite 11
esittää 6
esitys 17
estää 2
etukäteen 11

G

grilli 4

H

haastatella 10
haastateltava 10
hajamielinen 3
hajanainen 20
hajota 16
hakata 16
hakea 7
hakemus 7
hallinto 19
hallita 20
hankkia 8
happosade 20
harjoitella 10
harjoittaa 10
harmiton 6
harvinainen 13
hassu 17
heikko 7
heimo 18
heinä 14
heittää 16
hengittää 16
henkilöstö 7
henkilötodistus 3
henkilötunnus 7 F
herkku 11
hermostua 7
herne 4
herättää 12
herätä 12
hieman 4 F
hiili 14
hiiri 16
hiiva 4 F
hiljaisuus 10
hiljattain 2
historia 9
hiukan 8
hoikka 1
hoitaa 1
homma 4
hopea 13
horisontti 18
huippu 19
hullumpi 2
humala 18
huolellinen 8
huolestua 1
huoleton 3
huoli 20
huolimatta 7

huoltoasema 3
huom. 11
huomattava 14
huomauttaa 16
huomautus 11
huomio 13
huume 12
huumorintaju 1
huvitella 8
hypätä 16
hyväksyä 8
hyvästellä 4
hyödyllinen 7 D
hyökätä 19
hyöty 10
häirikkö 6
hämmästyä 5
häpeä 17
hätä 18
hävetä 17
hävittää 19
hävitä 12
hölmö 16

I

ihastua 13
ihme 13
ihmeellinen 16
ihmetellä 5
ihmissuhde 1
iho 18
ikinä 15
ikä 1
ikävä kyllä 19
ilmaiseksi 12
ilmaista 10
ilman muuta 2
ilmansuunta 19
ilmapiiri 20
ilmestyä 12
ilmoittaa 7
ilo 5
innokas 2 ☆
innostaa 10
innostua 9
invalidi 20
irti 16 C
istuutua 15
isäntä 14
itsenäinen 19

211

7. INDEX
(The second number refers to pages in Book 1 or 2)

8. PUBLICATIONS YOU MIGHT NEED

Aaltio, Maija-Hellikki, *Finnish for Foreigners 3 Reader*. 2nd ed. Otava. Keuruu 1980.
Aaltio, Maija-Hellikki (ed.), *Helppoa lukemista suomeksi*
   1. Eino Leino, *Musti*. Otava. Keuruu 1979.
   2. Mika Waltari, *Kuka murhasi rouva Skrofin?* 2nd ed. Otava. Keuruu 1983.
   3. Johannes Linnankoski, *Laulu tulipunaisesta kukasta*. Otava. Keuruu 1979.
Aaltio, Maija-Hellikki, *Korva tarkkana*. Otava. Keuruu 1977. Kuullun ymmärtämisharjoituksia.
Branch, Michael — Niemikorpi, Antero — Saukkonen, Pauli, *A Student's Glossary of Finnish*. WSOY. Helsinki 1980. A frequency word-list with translations into English, Swedish, French, German, Russian, and Hungarian.
Holman, Eugene, *Finnmorf*. SKS. Helsinki 1986. A computerized implementation of Finnish inflectional morphology for IBM compatible microcomputers. It instantly provides full paradigms for any Finnish lexical item.
Holman, Eugene, *Handbook of Finnish verbs*. SKS. Helsinki 1984. 231 verbs conjugated in all tenses.
Hurme, Raija — Pesonen, Maritta, *Englantilais-suomalainen suursanakirja*. 2nd ed. 1182 pp. WSOY. Porvoo 1976.
Hurme, Raija — Malin, Riitta-Leena — Syväoja, Olli, *Uusi suomi-englanti suursanakirja*. 1446 pp. WSOY. Porvoo 1984.
Hämäläinen, Eila (ed.), *Lukemista suomen opiskelijoille*
   1. *Kolme kertomusta lapsista*. SKS. Helsinki 1983.
   2. *Neljä kertojaa*. SKS. Helsinki 1984.
   3. *Lintuja ja ihmisiä*. SKS. Helsinki 1985.
Karlsson, Fred, *Finnish Grammar*. WSOY. Helsinki-Juva 1983.
Whitney, Arthur H. (ed.), *Finnish Reader*. Teach Yourself Books. London 1971. Extracts from modern Finnish literature provided with an idiomatic English translation on the opposite page.
Wuolle, Aino, *Englantilais-suomalainen koulusanakirja*. 3rd ed. 512 pp. WSOY. Porvoo 1985.
Wuolle, Aino, *Suomalais-englantilainen koulusanakirja*. 2nd ed. 492 pp. WSOY. Porvoo 1986.

Photographs:
Lehtikuva Oy
Ulkoasiainministeriö, Kuva-arkisto
Rhonda Thwaite